हनुमान जन्म कथा

विवेक कुमार पांडे

ISBN 979-888606200-7

क्रम-सूची

क्रम-सूची

प्रस्तावना

इस किताब में हनुमान जन्म कथा और कैसे हनुमान जी ने पुरी लंका को तहस नहस कर दिया यह संक्षेप में लिखा गया है .। इस किताब को लिखने के दौरान कोई भी धर्म और कोई भी जाती एवम किसी भी परिवार के सदस्य को नुकसान नहीं पहुंचा या गया है और इस किताब को लिखा है श्री विवेक कुमार पांडे शंभुनाथ जी ने.।

भूमिका

मेरा नाम विवेक कुमार पांडे है और मैं एक लेखक हु , में गुजरात के सुरत में निवास करता हूं.मेरा जन्म ३० सेप्टेंबर को २००२ में हुआ था, और मुझे बचपन से एक्टर बनने का सोख रहा है और अभी भी है.। में कभी ये नहीं सोचता की लोग क्या कर रहे हैं में ये सोचता हूं कि में क्या कर रहा हूं, में आज सफल हूं तो अपने पापा की वजह से आज वो रहते तो उन्हें बहुत खुशी होती , वो सदा और हमेशा मेरे साथ रहेंगे.।

1

हनुमान के जन्म की कथा

* हनुमान के जन्म की कथा

यह कथा सुनकर श्रीराम हाथ जोड़कर अगस्त्य मुनि से बोले, "ऋषिवर! निःसन्देह वालि और रावण दोनों ही भारी बलवान थे, परन्तु मेरा विचार है कि हनुमान उन दोनों से अधिक बलवान हैं। इनमें शूरवीरता, बल, धैर्य, नीति, सद्गुण सभी उनसे अधिक हैं। यदि मुझे ये न मिलते तो भला क्या जानकी का पता लग सकता था? मेरे समझ में यह नहीं आया कि जब वालि और सुग्रीव में झगड़ा हुआ तो इन्होंने अपने मित्र सुग्रीव की सहायता करके वालि को क्यों नहीं मार डाला। आप कृपा करके हनुमानजी के बारे में मुझे सब कुछ बताइये।"

रघुनाथजी के वचन सुनकर महर्षि अगस्त्य बोले, "हे रघुनन्दन! आप ठीक कहते हैं। हनुमान अद्भुत बलवान, पराक्रमी और सद्गुण सम्पन्न हैं, परन्तु ऋषियों के शाप के कारण इन्हें अपने बल का पता नहीं था। मैं आपको इनके विषय में सब कुछ बताता हूँ। इनके पिता केसरी सुमेरु पर्वत पर राज्य करते थे। उनकी पत्नी का नाम अंजना था। इनके जन्म के पश्चात् एक दिन इनकी माता फल लाने के लिये इन्हें आश्रम में छोड़कर चली गईं। जब शिशु हनुमान को भूख लगी तो वे उगते हुये सूर्य को फल समझकर उसे पकड़ने के लिये आकाश में उड़ने लगे। उनकी सहायता के लिये पवन भी बहुत तेजी से चला। उधर भगवान सूर्य ने उन्हें अबोध शिशु समझकर अपने तेज से नहीं जलने दिया। जिस समय हनुमान सूर्य को पकड़ने के लिये लपके, उसी समय राहु सूर्य पर ग्रहण लगाना चाहता था। हनुमानजी ने सूर्य के ऊपरी भाग में जब राहु का स्पर्श किया तो वह भयभीत होकर वहाँ से भाग गया। उसने इन्द्र के पास जाकर शिकायत की कि देवराज! आपने मुझे अपनी क्षुधा शान्त करने के साधन के रूप में सूर्य और चन्द्र दिये थे। आज जब अमावस्या के दिन मैं सूर्य को ग्रस्त करने के लिये गया तो मैंने देखा कि एक दूसरा राहु सूर्य को पकड़ने जा रहा है।

"राहु की बात सुनकर इन्द्र घबरा गये और राहु को साथ लेकर सूर्य की ओर चल पड़े। राहु को देखकर हनुमान जी सूर्य को छोड़कर राहु पर झपटे। राहु ने इन्द्र को रक्षा के लिये पुकारा

तो उन्होंने हनुमान जी के ऊपर वज्र का प्रहार किया जिससे वे एक पर्वत पर जा गिरे और उनकी बायीं ठुड्डी टूट गई। हनुमान की यह दशा देखकर वायुदेव को क्रोध आया। उन्होंने उसी क्षण अपनी गति रोक ली। इससे कोई भी प्राणी साँस न ले सका और सब पीड़ा से तड़पने लगे। तब सारे सुर, असुर, यक्ष, किन्नर आदि ब्रह्मा जी की शरण में गये। ब्रह्मा उन सबको लेकर वायुदेव के पास गये। वे मृत हनुमान को गोद में लिये उदास बैठे थे। जब ब्रह्मा जी ने उन्हें जीवित कर दिया तो वायुदेव ने अपनी गति का संचार करके सब प्राणियों की पीड़ा दूर की। चूँकि इन्द्र के वज्र से हनुमान जी की हनु (ठुड्डी) टूट गई थी, इसलिये तब से उनका नाम हनुमान हो गया। फिर प्रसन्न होकर सूर्य ने हनुमान को अपने तेज का सौंवा भाग दिया। वरुण, यम, कुबेर, विश्वकर्मा आदि ने उन्हें अजेय पराक्रमी, अवध्य होने, नाना रूप धारण करने की क्षमता आदि के वर दिया। इस प्रकार नाना शक्तियों से सम्पन्न हो जाने पर निर्भय होकर वे ऋषि-मुनियों के साथ शरारत करने लगे। किसी के वल्कल फाड़ देते, किसी की कोई वस्तु नष्ट कर देते। इससे क्रुद्ध होकर ऋषियों ने इन्हें शाप दिया कि तुम अपने बल और शक्ति को भूल जाओगे। किसी के याद दिलाने पर ही तुम्हें उनका ज्ञान होगा। तब से उन्हें अपने बल और शक्ति का स्मरण नहीं रहा। वालि और सुग्रीव के पिता ऋक्षराज थे। चिरकाल तक राज्य करने के पश्चात् जब ऋक्षराज का देहान्त हुआ तो वालि राजा बना। वालि और सुग्रीव में बचपन से ही प्रेम था। जब उन दोनों में बैर हुआ तो सुग्रीव के सहायक होते हुये भी शाप के कारण हनुमान अपने बल से अनजान बने रहे।"

हनुमान के जीवन की यह कथा सुनकर सबको बड़ा आश्चर्य हुआ।

जब अगस्त्य तथा अन्य मुनि अयोध्या से विदा होकर जाने लगे तो श्रीराम ने उनसे कहा, "मेरी इच्छा है कि पुरवासी और देशवासियों को अपने-अपने कार्यों में लगाकर मैं यज्ञों का अनुष्ठान करूँ। आपसे प्रार्थना है कि आप सब उन यज्ञों में अवश्य पधारकर भाग लेने की कृपा करें।"

सब ऋषियों ने उसमें भाग लेने की अपनी स्वीकृति प्रदान की। फिर वे वहाँ से विदा होकर अपने-अपने आश्रम को चले गये।

2

राम की वापसी और विलाप

मारीच का वध कर के राम आश्रम की ओर लौट रहे थे तो पीछे से एक मादा सियार ने बड़े कठोर स्वर में चीत्कार किया। वन के मृग एवं पक्षी उनके बायीं ओर चलने और उड़ने लगे। इन अपशकुनों को देखकर राम का हृदय आशंकित हो उठा। उन्हें सीता के अशुभ की चिन्ता सन्तप्त करने लगी। इतने में ही उन्होंने मार्ग में लक्ष्मण को आते देखा। लक्ष्मण को देख कर उन्हें ऐसा प्रतीत हुआ कि किसी राक्षसी षड्यंत्र के फलस्वरूप सीता किसी कठिनाई में फँस गई है।

चिन्तित हो कर उन्होंने लक्ष्मण से पूछा, "लक्ष्मण! सीता कहाँ है? मैंने तुम्हें आदेश दिया था कि तुम सीता की रक्षा करना तो तुम उसे अकेली कैसे छोड़ आये? वह किसी विपत्ति में तो नहीं फँस गई? वह जीवित होगी कि नहीं? शीघ्र बताओ उसे क्या हुआ है? यदि वह जीवित नहीं होगी तो मैं भी अपने प्राण त्याग दूँगा। कहीं ऐसा तो नहीं है कि उस मायावी राक्षस ने हा 'लक्ष्मण!' कह कर तुम्हें भी भ्रम में डाल दिया है और तुम सीता को अकेली छोड़ कर यहा दौड़ आये हो? अथवा सीता ने ही भ्रमित हो कर तुम्हें यहाँ आने को विवश किया हो। ऐसा प्रतीत होता है कि राक्षसों ने अपने प्रतिशोध लेने के लिये यह चाल चली है और तुम इसमें फँस गये हो। खर और दूषण की मृत्यु का बदला लेने के लिये उन्होंने सीता का वध कर डाला होगा।"

राम के इन वचनों से व्यथित लक्ष्मण बोले, "भैया! मैं उन्हें स्वयं अपनी इच्छा से छोड़ कर नहीं आया हूँ। मैंने उन्हें अनेक प्रकार से समझाया किन्तु वे चेतना मोह से ग्रसित होकर मुझसे कहने लगीं कि तुम्हारे मन में पापपूर्ण भाव भरा हुआ है, तुम अपने भाई के दुश्मन हो और उनकी मृत्यु के पश्चात् मुझे प्राप्त करना चाहते हो। उनके इस प्रकार से कहने पर मैं रोष से भर उठा और आश्रम से निकल आया। इस प्रकार से उन्होंने ही कठोर वचन कह कह

कर मुझे यहाँ आने के लिये विवश कर दिया।"

लक्ष्मण के वचनों को सुनकर राम ने कहा, "सौम्य! तुम सीता को छोड़ कर चले आये यह तुमने अच्छा नहीं किया। सीता तो क्रोध में विक्षिप्त हो रही थी और क्रोध में भरी हुई नारी के मुख से कठोर वचन निकलना आश्चर्य की बात नहीं है। किन्तु तुम तो समझदार हो। मेरे आदेश की अवहेलना कर तुम्हारा इस प्रकार से चले आना अनुचित है।"

चिन्तित राम और लक्ष्मण जब अपने आश्रम पहुँचे तो। उन्हें सीता कहीं दिखाई नहीं दी। उन्होंने समस्त पर्णशालाओं को देख डाला किन्तु वे सभी सभी सूनी मिलीं। जैसे हेमन्त ऋतु के हिम से ध्वस्त होकर कमलिनी श्रीहीन हो जाती है उसी प्रकार से पर्णशालाएँ शोभाशून्य थीं। आश्रम के वृक्ष और पत्ते भी वायु में सन-सना कर दुःख से रो रहे प्रतीत होते थे। मृगछाला और कुश इधर-उधर बिखरे पड़े थे, आसन औंधे पड़े थे, वृक्षों के फूल-पत्ते तथा कहीं-कहीं टहनियाँ टूटी या अधटूटी पड़ी थीं।

आश्रम का अस्त-व्यस्त दृश्य देख कर राम विचार करने लगे। सीता का किसी ने हरण कर लिया, अथवा किसी दुष्ट राक्षस ने उसे अपना आहार बना लिया। कहीं वह फूल चुनने तो नहीं गई या जल लाने नदी पर तो नहीं चली गई। जब सब ओर खोजने पर भी उन्हें सीता कहीं दिखाई न दी तो शोक के कारण उनकी आँखें लाल हो गईं। नदी-नालों, पर्वत-कन्दराओं में जा-जा कर वे उन्मत्त की भाँति आवाज दे-दे कर सीता की खोज करने लगे। अन्त में उनकी उन्मत्तता इतनी बढ़ गई कि वे कभी कदम्ब के वृक्ष के पास जाकर कहते, "हे कदम्ब! मेरी सीता को तेरे पुष्पों से बहुत स्नेह था। तू ही बता वह कहाँ है?" कभी विल्व के पास जा कर उससे पूछते, "हे विल्व विटप! क्या तुमने पीतवस्त्रधारिणी सीता को कहीं देखा है?" इस प्रकार वे कभी किसी वृक्ष से, कभी किसी लता से और कभी पुष्प समूहों से सीता का पता पूछते। कभी अशोक वृक्ष के पास जा कर कहते, "अरे अशोक विटप! तेरा तो नाम ही अशोक है, फिर तू सीता से मेरी भेंट करा कर मेरे शोक का हरण क्यों नहीं करता?" फिर ताड़ के वृक्ष से कहते, "तू तो सब वृक्षों से ऊँचा है। तू दूर-दूर की वस्तुएँ देख सकता है। देख कर बता क्या तुझे सीता कहीं दिखाई दे रही है। चुपचाप खड़ा न रह। यदि तू देखना चाहेगा तो तुझे वह अवश्य दिखाई देगी।"

इस प्रकार नाना प्रकार के वृक्षों से पूछ-पूछ कर रामचन्द्र विलाप करने लगे, "हे प्राणवल्लभे जानकी! तू कहाँ छिप गई? यदि तू वृक्षों की ओट में छिप कर हँसी कर रही है तो मैं तुझसे प्रार्थना करता हूँ, तू प्रकट हो जा। देख, मैं तेरे बिना कितना व्याकुल हो रहा हूँ। अब बहुत हँसी हो चुकी। मैं हार मानता हूँ। मैं तुझे नहीं ढूँढ पा रहा हूँ। या तू सचमुच मुझसे रूठ गई है। हा सीते! बोल, जल्दी बोल, तू कहाँ है? इधर देख, तेरे साथ खेलने वाले मृग शावक भी तेरे वियोग में अश्रु बहा रहे हैं। सीते! तेरे बिना मैं जीवित नहीं रह सकता। मैं चाहता हूँ, अभी तेरे वियोग में अपने प्राण त्याग दूँ किन्तु पिता की आज्ञा से विवश हूँ। मुझे स्वर्ग में पा कर वे धिक्करेंगे और कहेंगे 'तू मेरी आज्ञा की अवहेलना कर के – चौदह वर्ष की वनवास की अवधि पूरी किये बिना ही – स्वर्ग में कैसे चला आया।' हा! मैं कितना अभागा हूँ, जो तुम्हारे विरह

में मर भी नहीं सकता। हाय जानकी! तुम ही बताओ, तुम्हारे बिना मैं क्या करूँ?"

बड़े भाई को विलाप करते देख लक्ष्मण ने उन्हें धैर्य बँधाते हुये कहा, "हे नरोत्तम! रोने और धैर्य खोने से कोई लाभ नहीं होगा। आइये, आश्रम से बाहर चल कर वनों और गिरि-कन्दराओं में भाभी की खोज करें। उन्हें वनों तथा पर्वतों में भ्रमण करने का चाव था। सम्भव है, वहीं कहीं भ्रमण कर रही हों। यह भी सम्भव है कि गोदावरी के तट पर बैठी मछलियों की जलक्रीड़ा देख रही हों या किसी भय की आशंका से भयभीत हो कर किसी लता कुँज में बैठी हों। इसलिये हमारे लिये यही उचित है कि हम विषाद और चिन्ता को छोड़ कर उनकी खोज करें।"

लक्ष्मण के युक्तियुक्त वचन सुन कर राम उसके साथ वनों, लताओं, गिरि-कन्दराओं आदि में खोज करने के लिये चले। उन दोनों ने समस्त वन, पर्वत-कन्दरा आदि में खोज डाला, किन्तु सीता उन्हें कहीं नहीं मिली।

अन्त में राम निराश हो कर बोले, "सौमित्र! यहाँ तो कोई ऐसा स्थान शेष नहीं बचा जहाँ हमने जानकी की खोज न की हो, परन्तु हमें सर्वत्र निराशा ही हाथ लगी। अब ऐसा प्रतीत होता है कि मेरी सीता मुझे कभी नहीं मिलेगी। मैं वनवास की अवधि बिता कर जब अयोध्या लौटूँगा और माता कौसल्या पूछेंगी कि सीता कहाँ है तो मैं उन्हें क्या उत्तर दूँगा? मिथिलापति जनक को क्या मुँह दिखाउँगा।"

वे जोर-जोर से विलाप करने लगे, "हे सीते! मैं तुम्हें कहाँ ढूँढू? हे वनों के मृगों! क्या तुमने कहीं मृगनयनी सीता को देखा है? हे वनों की कोकिलों! क्या तुमने कहीं कोकिलाकण्ठी जानकी को देखा है? कोई तो कुछ बताओ। क्या सभी मेरे लिये निर्मोही हो गये हो? कोई नहीं बोलता, कोई नहीं बताता। कोई भी मुझसे बात करना नहीं चाहता। मैं नपुंसक हूँ, कायर हूँ जो अपनी भार्या की रक्षा न कर सका।"

थोड़ी देर मौन रहने के पश्चात् वे फिर लक्ष्मण से बोले, "हे सौमित्र! अब सीता के बिना मैं किसी को मुख दिखाने के लायक नहीं रहा। मैं अवधि पूर्ण होने पर भी अयोध्या नहीं जाउँगा। तुम अब अयोध्या लौट जाओ। भरत से कह देना अब तुम ही अयोध्या का राज्य सँभालो। मैं कभी नहीं लौटूँगा। माता कौसल्या से कहना कि किस प्रकार सीता का अपहरण हो गया और उसकी विरह-व्यथा को न सह सकने के कारण राम ने आत्महत्या कर ली। अब तुम्हारे जाते ही मैं गोदावरी नदी में डूब कर अपने प्राण त्याग दूँगा। मैं इस संसार में सबसे बड़ा पापी हूँ। इसीलिये तो मुझे एक के पश्चात् एक अनेक दुःख मिलते चले जा रहे हैं। पहले पिताजी का स्वर्गवास हुआ और अब सीता भी मुझे छोड़ कर जाने कहाँ चली गई। घर बार और सम्बंधी तो पहले ही छूट गये थे। मुझे रह-रह कर यह ध्यान आता है कि सीता राक्षसों के चंगुल में फँस गई है। वह भी रो-रो कर अपने प्राण विसर्जित कर रही होगी। तुम कहते हो कि वन में या गोदावरी के तट पर गई होगी। ये सब मुझे बहलाने की बातें हैं। जो वनवास की इतनी लम्बी अवधि में एक बार भी आश्रम से अकेली बाहर नहीं निकली, वह आज ही कैसे जा सकती है? अवश्य ही राक्षसों ने उसका अपहरण कर लिया है अथवा उसे अपना आहार बना लिया है।

इन वृक्षों, पशुओं आदि से इतना सामीप्य होते हुये भी कोई मुझे सीता का पता नहीं बताता। हा सीते। हा प्राणवल्लभे! तू ही बता मैं तुझे कहाँ ढूँढू? कहाँ जा कर खोजूँ?"

3

कबन्ध का वध

इस प्रकार पक्षिराज जटायु के लिये जलांजलि दान कर के वे दोनों रघुवंशी बन्धु सीता की खोज में दक्षिण दिशा की ओर चले। कुछ दूर आगे चल कर वे एक ऐसे वन में पहुँचे जो बहुत से वृक्षों, झाड़ियों एवं लता बेलों द्वारा सभी ओर से घिरा हुआ था तथा अत्यन्त दुर्गम, गहन और दुर्गम था। उसे पार कर वे क्रौंचारण्य नामक वन, जो कि जनस्थान से तीन कोस दूरी पर स्थित था, के भीतर पहुँचे। वह वन भी सघन अनेक मेघों के समूह के सदृश श्याम प्रतीत होता था किन्तु विविध रंग के सुन्दर फूलों से सुशोभित होने का कारण हर्षोत्फुल्ल सा भी जान पड़ता था। उसके भीतर अनेक पशु-पक्षी निवास करते थे। वहाँ पर उन्होंने सीता को खोजना आरम्भ किया किन्तु बहुत खोजने पर भी जब कोई परिणाम नहीं निकला तो वे और आगे चले। इस वन को पार कर के मतंग मुनि के आश्रम ले पास जा पहुँचे। वय वन भी भयानक और हिंसक पशुओं से परिपूर्ण था। घूमते-घूमते वे ऐसी पर्वत कन्दरा पर पहुँचे तो पाताल की भाँति गहरी तथा सदा अन्धकार से आवर्त रहती थी।

उस विशाल कन्दरा के मुख पर एक अत्यन्त मलिन, लम्बे पेट वाली, बड़े-बड़े दाँतों और बिखरे केश वाली, मलिनमुखी विकराल राक्षसी बैठी हुई हड्डी चबा रही थी। राम लक्ष्मण को देख कर वह अट्टहास करती हुई दौड़ी और लक्ष्मण से लिपट कर बोली, "आओ हम दोनों रमण करें। मेरा नाम अयोमुखी है। तुम मुझे पतिरूप में मिले हो और मैं अब तुम्हारी भार्या हूँ।"

उसकी इस कुचेष्टा से क्रुद्ध हो कर लक्ष्मण ने अपनी म्यान से तलवार निकाली और उसके नाक, कान तथा स्तन काट डाले। उसके सारे शरीर पर रक्त की धाराएँ बहने लगीं और वह चीत्कार करती हुई वहाँ से भाग गई।

अयोमुखी के भाग जाने के पश्चात् दोनों भाई थोड़ी दूर गये थे कि वन में भयंकर आँधी चलने लगी। उन्हें एक भयंकर स्वर सुनाई दिया जिसकी गर्जना से सम्पूर्ण वनप्रान्त गूँज

उठा। सावधान हो कर दोनों भाइयों ने तलवार निकाल कर उस दिशा में पग बढ़ाये जिधर से वह भयंकर गर्जना आ रही थी। कुछ ही दूर जाने पर उन्होंने गज के आकार वाले बिना गर्दन के कबन्ध (धड़मात्र) राक्षस को देखा। उसका न तो गर्दन था और न ही मस्तक। उसके पेट में ही उसका मुँह बना हुआ था और छाती में ललाट था जिसमें अंगारे के समान दहकती हुई एक ही आँख थी। वह दोनों मुट्ठियों में वन के जन्तुओं को पकड़े इनका मार्ग रोके खड़ा था। राम-लक्ष्मण को देखते ही उसने लपक कर दोनों को एक साथ ही बलपूर्वक तथा पीड़ा देते हुए पकड़ लिया और बोला, "बड़े भाग्य से आज ऐसा सुन्दर भोजन मिला है। तुम दोनों को खा कर मैं अपनी क्षुधा शान्त करूँगा।"

इस आकस्मिक आक्रमण से लक्ष्मण किंकर्तव्यविमूढ़ हो गये, परन्तु रामचन्द्र ने बड़ी फुर्ती से उस राक्षस की दाहिनी भुजा काट डाली। लक्ष्मण ने भी क्रोधित होकर उसकी बाँयी भुजा को काट दिया। वह चीत्कार करता हुआ पृथ्वी पर गिर पड़ा।

पृथ्वी पर गिर कर उसने पूछा, "वीरों! आप दोनों कौन हैं?"

उसके इस प्रकार पूछने पर लक्ष्मण ने उसे दोनों भाइयों का परिचय दिया।

उनका परिचय सुनकर कबन्ध ने राम से कहा, "महाबाहु राम! पूर्वकाल में मैं अत्यन्त पराक्रमी था किन्तु पराक्रमी होते हुए भी राक्षस रूप धारण कर ऋषियों को डराया करता था। एक बार क्रोधित होकर स्थूलशिरा नामक महर्षि ने मुझे राक्षस हो जाने का शाप दे दिया। शापमुक्ति के लिये मेरे द्वारा प्रार्थना करने पर उन्होंने बताया कि जब राम तुम्हारी भुजाओं को काट देगा तो तुम्हारी मुक्ति हो जायेगी। हे पुरुष श्रेष्ठ! आपने राक्षस योनि से मुझे मुक्ति दिला कर मेरा बड़ा उपकार किया है। अब आप मुझ पर इतनी कृपा और करना कि अपने हाथों से मेरा दाह-संस्कार कर देना।"

कबन्ध की प्रार्थना सुन कर राम बोले, "हे राक्षसराज! मैं तुम्हारी इच्छा अवश्य पूरी करूँगा। मैं तुमसे कुछ सूचना प्राप्त करना चाहता हूँ। आशा है अवश्य दोगे। दण्डक वन से मेरी अनुपस्थिति में लंकापति रावण मेरी पत्नी का अपहरण कर के ले गया है। मैं उसके बल, पराक्रम, स्थान आदि के विषय में तुमसे पूरी जानकारी चाहता हूँ। यदि जानते हो तो बताओ।"

राम का प्रश्न सुन कर कबन्ध बोला, "हे रघुनन्दन! रावण बड़ा बलवान और शक्तिशाली नरेश है। उससे देव-दानव सभी भयभीत रहते हैं। उस पर विजय प्राप्त करने के लिये आपको नीति का सहारा लेना होगा। आप यहाँ से पम्पा सरोवर चले जाइये। वहाँ ऋष्यमूक पर्वत पर वानरों का राजा सुग्रीव अपने चार वीर वानरों के साथ निवास करता है। वह अत्यन्त वीर, पराक्रमी, तेजस्वी, बुद्धिमान, धीर और नीतिनिपुण है। उसके पास एक विशाल पराक्रमी सेना भी है जिसकी सहायता से आप रावण पर विजय प्राप्त कर सकते हैं। उसके ज्येष्ठ भ्राता बालि ने उसके राज्य और उसकी पत्नी का अपहरण कर लिया है। यदि आप उसे मित्र बना सकें तो आपका कार्य सिद्ध हो जायेगा। वह राक्षसों के सब स्थानों को जानता और उनकी मायावी चालों को भी समझता है। उसे भी इस समय एक सच्चे पराक्रमी मित्र की

आवश्यकता है। आपका मित्र बन जाने पर वह अपने वानरों को भेज कर सीता की खोज करा देगा। साथ ही सीता को वापस दिलाने में भी आपकी सहायता करेगा।"

इतना कह कर कबन्ध ने अपने प्राण त्याग दिये। रामचन्द्र उसका अन्तिम संस्कार कर के लक्ष्मण सहित पम्पासर की ओर चले। पम्पासर के निकट उन्होंने एक सुन्दर सरोवर देखा जिसमें दोनों भाइयों ने स्नान किया।

4

पम्पासर में राम हनुमान भेंट

• **पम्पासर में राम हनुमान भेंट**

कमल, उत्पल तथा मत्स्यों से परिपूर्ण पम्पा सरोवर के पास पहुँचने पर वहाँ के रमणीय दृश्यों को देख कर राम को फिर सीता का स्मरण हो आया और वे पुनः विलाप करने लगे।

उन्होंने लक्ष्मण से कहा, "हे सौमित्र! इस पम्पा सरोवर का जल वैदूर्यमणि के समान स्वच्छ एवं श्याम है। इसमें खिले हुये कमल पुष्प और क्रीड़ा करते हुये जल पक्षी कैसे सुशोभित हो रहे हैं! चैत्र माह ने वृक्षों को पल्लवित कर फूलों और फलों से समृद्ध कर दिया है। चारों ओर मनोहर सुगन्ध बिखर रही है। यदि आज सीता भी अपने साथ होती तो इस दृश्य को देख कर उसका हृदय कितना प्रफुल्लित होता। ऐसा प्रतीत होता है कि वसन्तरूपी अग्नि मुझे जलाकर भस्म कर देगी। हा सीते! तुम न जाने किस दशा में रो-रो कर अपना समय बिता रही होगी। मैं कितना अभागा हूँ कि तुम्हें अपने साथ वन में ले आया, परन्तु तुम्हारी रक्षा न कर सका। हा! पर्वत-शिखरों पर नृत्य करते हुये मोरों के साथ कामातुर हुई मोरनियाँ कैसा नृत्य कर रहीं हैं। हे लक्ष्मण! जिस स्थान पर सीता होगी, यदि वहाँ भी इसी प्रकार वसन्त खिला होगा तो वह उसके विरह-विदग्ध हृदय को कितनी पीड़ा पहुँचा रहा होगा। वह अवश्य ही मेरे वियोग में रो-रो कर अपने प्राण दे रही होगी। मैं जानता हूँ, वह मेरे बिना पानी से बाहर निकली हुई मछली की भाँति तड़प रही होगी। उसकी वही दशा हो रही होगी जो आज मेरी हो रही है, अपितु मुझसे अधिक ही होगी क्योंकि स्त्रियाँ पुरुषों से अधिक भावुक और कोमल होती हैं। यह सम्पूर्ण दृश्य इतना मनोरम है कि यदि सीता मेरे साथ होती तो इस स्थान को छोड़ कर मैं कभी अयोध्या न जाता। सदैव उसके साथ यहीं रमण करता। किन्तु यह तो मेरा स्वप्नमात्र है। आज तो यह अभागा प्यारी सीता के वियोग में वनों में मारा-

मारा फिर रहा है। जिस सीता ने मेरे लिये महलों के सुखों का परित्याग किया, मैं उसीकी वन में रक्षा नहीं कर सका। मैं कैसे यह जीवन धारण करूँ? मैं अयोध्या जा कर किसी को क्या बताऊँगा? माता कौसल्या को क्या उत्तर दूँगा? मुझे कुछ सुझाई नहीं देता। मैं इस विपत्ति के पहाड़ के नीचे दबा जा रहा हूँ। मुझे इस विपत्ति से छुटकारे का कोई उपाय नहीं सूझ रहा है। मैं यहीं पम्पासर में डूब कर अपने प्राण दे दूँगा। भाई लक्ष्मण! तुम अभी अयोध्या लौट जाओ। मैं अब जनकनन्दिनी सीता के बिना जीवित नहीं रह सकता।"

बड़े भाई की यह दशा देख कर लक्ष्मण बोले, "हे पुरुषोत्तम राम! आप शोक न करें। हे तात रघुनन्दन! आप यदि रावण पाताल में या उससे भी अधिक दूर चला जाये तो भी वह अब किसी भी तरह से जीवित नहीं रह सकता। आप पहले उस पापी राक्षस का पता लगाइये। फिर वह सीता को वापस करेगा या अपने प्राणों से हाथ धो बैठेगा। आप तो अत्यन्त धैर्यवान पुरुष हैं। आपको ऐसी विपत्ति में सदैव धैर्य रखना चाहिये। हम लोग अपने धैर्य, उत्साह और पुरुषार्थ के बल पर ही रावण को परास्त कर के सीता को मुक्त करा सकेंगे। आप धैर्य धारण करें।"

लक्ष्मण के इस प्रकार से समझाने पर अत्यन्त सन्तप्त राम ने शोक और मोह का परित्याग कर के धैर्य धारण किया। वे पम्पा सरोवर को लाँघ कर आगे बढ़े।

चलते-चलते जब वे ऋष्यमूक पर्वत के निकट पहुँचे तो अपने साथियों के साथ उस पर्वत पर विचरण करने वाले बलवान वानरराज सुग्रीव ने इन दोनों तेजस्वी युवकों को देखा।

इन्हें देख कर सुग्रीव के मन में शंका हुई और उन्होंने अपने मन्त्रियों से कहा, "निश्चय ही वालि ने इन दोनों धनुर्धारी वीरों को छद्मवेश में भेजा है।"

भयभीत होकर सुग्रीव अपने मन्त्रियों के साथ ऋष्यमूक पर्वत के शिखर चले गये।

सुग्रीव को इस प्रकार चिन्तित देख कर वाक्पटु हनुमान बोले, "हे वानराधिपते! वालि तो शापवश यहाँ आ ही नहीं सकता, आप सहसा ऐसे चिन्तित क्यों हो रहे हैं?"

हनुमान के प्रश्न को सुन कर सुग्रीव बोले, "मुझे ऐसा प्रतीत होता है कि ये दोनों पुरुष वालि के भेजे हये गुप्तचर हैं और तपस्वियों का भेष धारण कर के हमारी खोज में आये हैं। हमें इनकी ओर से निश्चिन्त नहीं होना चाहिये। हनुमान! तुम वेष बदल कर इनके पास जाओ और इनका सम्पूर्ण भेद ज्ञात करो। यदि मेरा सन्देह ठीक हो तो शीघ्र इस विषय में कुछ करना।"

सुग्रीव का निर्देश पा कर हनुमान भिक्षु का भेष धारण कर राम-लक्ष्मण के पास पहुँचे। उन दोनों को प्रणाम करके वे अत्यन्त विनीत एवं मृदु वाणी में बोले, "हे वीरों! आप दोनों सत्यपराक्रमी एवं देवताओं के समान प्रभावशाली जान पड़ते हैं। आप लोग इस वन्य प्रदेश में किसलिये आये हैं? आपके अंगों की कान्ति सुवर्ण के समान प्रकाशित हो रही है। आपकी विशाल भुजाओं और वीर वेश को देख कर ऐसा प्रतीत होता है कि आप इन्द्र को भी परास्त करने की क्षमता रखते हैं, परन्तु फिर भी आपका मुखमण्डल कुम्हलाया हुआ है और आप ठण्डी साँसें भर रहे हैं। इसका क्या कारण है? कृपया आप अपना परिचय दीजिये। आप इस

प्रकार मौन क्यों हैं? यहाँ पर्वत पर वानरश्रेष्ठ सुग्रीव रहते हैं। उनके भाई वालि ने उन्हें घर से निकाल दिया है। वानरशिरोमणि सुग्रीव आप दोनों से मित्रता करना चाहते हैं। उन्हीं की आज्ञा से मैं आपका परिचय प्राप्त करने के लिये यहाँ आया हूँ। मैं वायुदेवता का पुत्र हूँ और मेरा नाम हनुमान है। मैं भी वानर जाति का हूँ। अब आप कृपया अपना परिचय दीजिये। मैं सुग्रीव का मन्त्री हूँ और इच्छानुकूल वेष बदलने की क्षमता रखता हूँ। मैंने आपको सब कुछ बता दिया है। आशा है आप भी अपना परिचय दे कर मुझे कृतार्थ करेंगे और वन में पधारने का कारण बतायेंगे।"

हनुमान की चतुराई भरी स्पष्ट बातों को सुन कर राम ने लक्ष्मण से कहा, "हे सौमित्र! इनकी बातों से मुझे पूर्ण विश्वास हो गया है कि ये महामनस्वी वानरराज सुग्रीव के सचिव हैं और उन्हीं के हित के लिये यहाँ आये हैं। इसलिये तुम निर्भय हो कर इन्हें सब कुछ बता दो।"

राम की आज्ञा पा कर लक्ष्मण हनुमान से बोले, "हे वानरश्रेष्ठ! सुग्रीव के गुणों से हम परिचित हो चुके हैं। हम उन्हें ही खोजते हुये यहाँ तक आये हैं। आप सुग्रीव के कथनानुसार जब मैत्री की बात चला रहे हैं वह हमें स्वीकार है। हम अयोध्यापति महाराज दशरथ के पुत्र हैं। ये श्री रामचन्द्र जी उनके ज्येष्ठ पुत्र और मैं इनका छोटा भाई लक्ष्मण हूँ। चौदह वर्ष का वनवास पाकर ये वन में रहने के लिये अपनी धर्मपत्नी सीता और मेरे साथ आये थे। रावण ने सीता जी का हरण कर लिया है। इसी विचार से कि सम्भवतः वे हमारी सहायता कर सकें, हम लोग महाराज सुग्रीव के पास आये हैं। हे वानरराज! जिस चक्रवर्ती सम्राट दशरथ के चरणों में सम्पूर्ण भूमण्डल के राजा-महाराजा सिर झुकाते थे और उनके शरणागत होते थे, उन्हीं महाराज के ज्येष्ठ पुत्र आज समय के फेर से सुग्रीव की शरण में आये हैं। ताकि महाराज सुग्रीव अपने दलबल सहित इनकी सहायता करें।"

इतना कहते हुये लक्ष्मण का कण्ठ अवरुद्ध हो गया।

लक्ष्मण के वचन सुन कर हनुमान बोले, "हे लक्ष्मण! आप लोगो के आगमन से आज हमारा देश पवित्र हुआ। हम लोग आपके दर्शनों से कृतार्थ हुये। जिस प्रकार आप लोग विपत्ति में हैं, उसी प्रकार सुग्रीव पर भी विपत्ति की घटाएँ छाई हुई हैं। वालि ने उनकी पत्नी का हरण कर लिया है तथा उन्हें राज्य से निकाल दिया है। इसीलिये वे इस पर्वत पर निर्जन स्थान में निवास करते हैं। फिर भी मैं आपको विश्वास दिलाता हूँ कि वे सब प्रकार से आपकी सहायता करेंगे।" इतना कह कर हनुमान बड़े आदर से रामचन्द्र और लक्ष्मण को सुग्रीव के पास ले गये।

5

राम-सुग्रीव मैत्री

- राम-सुग्रीव मैत्री

हनुमान अपने साथ राम और लक्ष्मण को लेकर किष्किन्धा पर्वत के मलय शिखर पर, जहाँ पर कि सुग्रीव अपने अन्य मन्त्रियों के साथ बैठे थे, ले गये। सुग्रीव से दोनों भाइयों का परिचय कराते हुये हनुमान ने कहा, "हे महाप्राज्ञ! अयोध्या के महाराज दशरथ के ज्येष्ठ पुत्र महापराक्रमी श्री रामचन्द्र जी अपने अनुज लक्ष्मण जी के साथ यहाँ पधारे हैं। इनके पंचवटी में निवासकाल में इनकी पत्नी सीता जी को लंका का राजा रावण चुरा ले गया। उन्हीं की खोज के लिये ये आपकी सहायता चाहते हैं। ये आपसे मित्रता करने की इच्छा रखते हैं। आपको इनकी मित्रता स्वीकार कर इनका यथोचित सत्कार करना चाहिये क्योंकि ये बड़े गुणवान, पराक्रमी और धर्मात्मा हैं। ये दोनों हमारे लिये परम पूजनीय हैं।"

राम और लक्ष्मण का परिचय पाकर प्रसन्नचित्त सुग्रीव बोले, "हे प्रभो! आप धर्मज्ञ, परम तपस्वी और सब पर दया करने वाले हैं। आप नर होकर भी मुझ वानर से मित्रता कर रहे हैं यह मेरा परम सौभाग्य है। आपकी मित्रता से मुझे ही उत्तम लाभ होगा। मेरा हाथ आपकी मैत्री के लिये फैला हुआ है, आप इसे अपने हाथ में लेकर परस्पर मैत्री का अटूट सम्बन्ध बना दें।"

सुग्रीव के वचन सुन कर राम ने अत्यन्त प्रसन्न होकर सुग्रीव के हाथ को अपने हाथ में लिया फिर प्रेमपूर्वक सुग्रीव को छाती से लगा लिया।

हनुमान ने भिक्षुरूप त्याग कर अग्नि प्रज्वलित की। राम और सुग्रीव ने अग्नि की प्रदक्षिणा कर मैत्री की शपथ ली और दोनों एक दूसरे के मित्र बन गये।

इसके पश्चात् राम और सुग्रीव अपने-अपने आसनों पर बैठ कर परस्पर वार्तालाप करने लगे। सुग्रीव ने कहा, "हे राम! मेरे ज्येष्ठ भ्राता वालि ने मुझे घर से निकाल कर मेरी पत्नी का अपहरण कर लिया है और मेरा राज्य भी मुझसे छीन लिया है। वह अत्यधिक शक्तिशाली है। मैं उससे भयभीत हो कर ऋष्यमूक पर्वत के इस मलयगिरि प्रखण्ड में निवास कर रहा हूँ।

आप अत्यन्त पराक्रमी और तेजस्वी हैं। आप मुझे अभय दान देकर वालि के भय से मुक्त करें।"

सुग्रीव के दीन वचन सुन कर राम बोले, "हे सुग्रीव! मित्र तो उपकाररूप फल देने वाला होता है, मैं अपने तीक्ष्ण बाणों से तुम्हारी पत्नी के हरण करने वाले वालि का वध कर दूँगा। अब तुम उसे मरा हुआ ही समझो।"

सुग्रीव ने प्रसन्नतापूर्वक कहा, "हे राम! मेरे मन्त्रियों में श्रेष्ठ सचिव हनुमान मुझे आपकी विपत्ति की सम्पूर्ण कथा बता चुके हैं। आपकी पत्नी सीता आकाश या पाताल में कहीं भी हो, मैं अवश्य उनका पता लगवाऊँगा। रावण तो क्या, इन्द्र आदि देवता भी सीता को मेरे वानरों की दृष्टि से छिपा कर नहीं रख सकते। राघव! कुछ ही दिनों पूर्व एक राक्षस एक स्त्री को लिये जा रहा था। उस समय हम इसी पर्वत पर बैठे थे। तब हमने उस स्त्री के मुख से 'हा राम! हा लक्ष्मण!' शब्द सुने थे। मेरा अनुमान है कि वह सीता ही थी। उसे मैं भली-भाँति देख नहीं पाया। हमें बैठे देख कर उसने कुछ वस्त्राभूषण नीचे फेंके थे। वे हमारे पास सुरक्षित रखे हैं। आप उन्हें पहचान कर देखिये, क्या वे सीता जी के ही है।"

यह कह कर सुग्रीव ने एक वानर को वस्त्राभूषणों को लाने की आज्ञा दी। उन वस्त्राभूषणों को देखते ही राम का धीरज जाता रहा। वे नेत्रों से अश्रु बहाते हुये शोकविह्वल हो गये और धैर्य छोड़ कर पृथ्वी पर गिर पड़े।

चेतना लौटने पर वे लक्ष्मण से बोले, "हे लक्ष्मण! सीता के इन आभूषणों को पहचानो। राक्षस के द्वारा हरे जाने पर सीता ने इन आभूषणों पृथ्वी पर गिरा दिया होगा।"

लक्ष्मण ने कहा, "भैया! इन आभूषणों में से न तो मैं हाथों के कंकणों को पहचानता हूँ, न गले के हार को और न ही मस्तक के किसी अन्य आभूषणों को पहचानता हूँ। क्योंकि मैंने आज तक सीता जी के हाथों और मुख की ओर कभी दृष्टि नहीं डाली। हाँ, उनके चरणों की नित्य वन्दना करता रहा हूँ इसलिये इन नूपुरों को अवश्य पहचानता हूँ, ये वास्तव में उन्हीं के हैं।"

6

राम-सुग्रीव वार्तालाप

• **राम-सुग्रीव वार्तालाप**

राम ने सुग्रीव से कहा, "हे सुग्रीव! मुझे बताओ कि वह भयंकर रूपधारी राक्षस मेरी प्राणेश्वरी सीता को लेकर किस दिशा में गया है? तुम शीघ्र पता लगाओ कि वह राक्षस कहाँ रहता है? वानरराज! धोखे में डालकर और मेरा अपमान करके मेरी प्रियतमा को अपहरण करने वाला वह निशाचर मेरा घोर शत्रु है। मैं आज ही उसका वध कर के सीता को मुक्त कराऊँगा।"

राम के शोक से पीड़ित वचन को सुन कर सुग्रीव ने उन्हें आश्वासन दिया, "हे राम! मैं नीचकुल में उत्पन्न उस पापात्मा राक्षस की शक्ति और गुप्त स्थान से परिचित नहीं हूँ किन्तु मैं आपको विश्वास दिलाता हूँ कि मैं शीघ्र ही ऐसा यत्न करूँगा कि मिथिलेशकुमारी सीता आपको मिल जायें। अतः आप धैर्य धारण करें। इस प्रकार से व्याकुल होना व्यर्थ है। व्याकुल होने पर मनुष्य की बुद्धि गम्भीर नहीं रह पाती। आपको इस प्रकार से अधीर होना शोभा नहीं देता। मुझे भी पत्नी के विरह का महान कष्ट प्राप्त हुआ है तथापि मैं पत्नी के लिये निरन्तर शोक नहीं करता। जब मैं वानर होकर धैर्य धारण कर सकता हूँ तो आप तो नर हैं, महात्मा हैं, सुशिक्षित हैं, आप मुझसे भी अधिक धैर्य धारण कर सकते हैं। मैं आपको उपदेश नहीं दे रहा हूँ, सिर्फ मित्रता के नाते आपके हित में सलाह दे रहा हूँ।"

सुग्रीव की बात सुन कर राम नेत्रों से अश्रु पौंछ कर बोले, "हे वानरेश! तुमने वही किया है जो एक स्नेही और हितैषी मित्र को करना चाहिये। तुम्हारा कार्य सर्वथा उचित है। सखे! तुम्हारे इस आश्वासन ने मेरी चिन्ता को दूर करके मुझे स्वस्थ बना दिया है। तुम जैसे स्नेही मित्र बहुत कम मिलते हैं। तुम सीता का पता लगाने में मेरी सहायता करो और मैं तुम्हारे सामने ही दुष्ट वालि का वध करूँगा। उसके विषय में तुम मुझे सारी बातें बताओ। विश्वास करो, वालि मेरे हाथों से नहीं बच सकता।"

राम की प्रतिज्ञा से सन्तुष्ट हो कर सुग्रीव बोले, "हे रघुकुलमणि! वालि ने मेरा राज्य और मेरी प्यारी पत्नी मुझसे छीन ली है। अब वह दिन रात मुझे मारने का उपाय सोचा करता है। उसके भय के कारण ही मैं इस पर्वत पर निवास करता हूँ। उससे ही भयभीत होकर मेरे सब साथी एक एक-करके मेरा साथ छोड़ गये हैं। अब ये केवल चार मित्र मेरे साथ रह गये हैं। वालि अत्यन्त बलवान है। उसके भय से मेरे प्राण सूख रहे हैं। बह इतना बलवान है कि उसने दुंदुभि नामक बलिष्ठ राक्षस को देखते देखते मार डाला। जब वह साल के वृक्ष को अपनी भुजाओं में भर कर झकझोरता है तो उसके सारे पत्ते झड़ जाते हैं। उसके असाधारण बल को देख कर मुझे संशय होता है कि आप उसे मार पायेंगे।"

सुग्रीव की आशंका को सुन कर लक्ष्मण ने मुस्कुराते हुये कहा, "हे सुग्रीव! तुम्हें इस बात का विश्वास कैसे होगा कि श्री रामचन्द्र जी वालि को मार सकेंगे?"

यह सुन कर सुग्रीव बोला, " सामने जो साल के सात वृक्ष खड़े हैं उन सातों को एक-एक करके वालि ने बींधा है, यदि राम इनमें से एक को भी बींध दें तो मुझे आशा बँध जायेगी। ऐसी बात नहीं है कि मुझे राम की शक्ति पर पूर्ण विश्वास नहीं है किन्तु मैं केवल वालि से भयभीत होने के कारण ही ऐसा कह रहा हूँ।"

सुग्रीव के ऐसा कहने पर राम ने धनुष पर प्रत्यंचा चढ़ाई और बाण छोड़ दिया, जिसने भीषण टंकार करते हुये एक साथ सातों साल वृक्षों को और पर्वत शिखर को भी बींध डाला।

राम के इस पराक्रम को देख कर सुग्रीव विस्मित रह गया और उनकी भूरि-भूरि प्रशंसा करते हुए बोला, "प्रभो! वालि को मार कर आप मुझे अवश्य ही निश्चिन्त कर दे।"

7

वालि-वध

<hr>

- वालि-वध

तदन्तर वे सब लोग वालि की राजधानी किष्किन्धापुरी में गये। वहाँ पहुँच कर राम एक गहन वन में ठहर गये और सुग्रीव से कहा, "तुम वालि को युद्ध के लिये ललकारो और निर्भय हो कर युद्ध करो।"

राम के वचनों से उत्साहित हो कर सुग्रीव ने वालि को युद्ध करने के लिये ललकारा। सुग्रीव के इस सिंहनाद को सुन कर वालि को अत्यन्त क्रोध आया। क्रोधित वालि आँधी के वेग से बाहर आया और सुग्रीव पर टूट पड़ा। वालि और सुग्रीव में भयंकर युद्ध छिड़ गया। उन्मत्त हुये दोनों भाई एक दूसरे पर घूंसों और लातों से प्रहार करने लगे। श्री रामचन्द्र जी ने वालि को मारने कि लिये अपना धनुष सँभाला परन्तु दोनों का आकार एवं आकृति एक समान होने के कारण वे सुग्रीव और वालि में भेद न कर सके। इसलिये उन्होंने बाण छोड़ना स्थगित कर दिया। वालि की मार न सह सकने के कारण सुग्रीव ऋष्यमूक पर्वत की ओर भागा। राम लक्ष्मण तथा अन्य वानरों के साथ सुग्रीव के पास पहुँचे। राम को सम्मुख पा कर उसने उलाहना देते हुये कहा, "मुझे युद्ध के लिये भेज कर आप पिटने का तमाशा देखते रहे। बताइये आपने ऐसा क्यों किया? यदि आपको मेरी सहायता नहीं करनी थी तो मुझसे पहले ही स्पष्ट कह देना चाहिये था कि मैं वालि को नहीं मारूँगा, मैं उसके पास जाता ही नहीं।"

सुग्रीव के क्रुद्ध शब्द सुन कर रामचन्द्र ने बड़ी नम्रता से कहा, "सुग्रीव! क्रोध त्यागो और मेरी बात सुनो। तुम दोनों भाई रंग-रूप, आकार, गति और आकृतियों में एक समान हो अतः मैं तुम दोनों में अन्तर नहीं कर सका और मैंने बाण नहीं छोड़ा। यदि मेरा बाण वालि को लगने के स्थान पर तुम्हें लग जाता तो मैं जीवन भर किसी को मुख दिखाने लायक नहीं रहता। वानरेश्वर! अपनी पहचान के लिये तुम कोई चिह्न धारण कर लो जिससे मैं तुम्हें पहचान लूँ और फिर से युद्ध के लिये जाओ।"

इतना कहकर वे लक्ष्मण से बोले, "हे लक्ष्मण! यह उत्तम लक्षणों से युक्त गजपुष्पी लता फूल रहे है। इसे उखाड़ कर महामना सुग्रीव के गले में पहना दो।"

लक्ष्मण ने वैसा ही किया और सुग्रीव फिर से युद्ध करने चला।

इस बार सुग्रीव ने दूने उत्साह से सिंहनाद करते हुये घोर गर्जना की जिसे सुन कर वालि आँधी के वेग से बाहर की ओर दौड़ने को उद्यत हुआ। किन्तु उसकी पत्नी तारा ने भयभीत होकर वालि को रोकते हुये कहा, "हे वीरश्रेष्ठ! अभी आप का युद्ध के लिये जाना श्रेयस्कर नहीं है। सुग्रीव एक बार मार खा कर भाग जाने के पश्चात् फिर युद्ध करने के लिये लौटा है। इससे मेरे मन में शंका उत्पन्न हो रही है। ऐसा प्रतीत होता है कि उसे कोई प्रबल सहायक मिल गया है और वह ऊसीके बल पर आपको ललकार रहा है। मुझे कुमार अंगद से सूचना मिल चुकी है कि अयोध्या के अजेय राजकुमारों राम और लक्ष्मण के साथ उसकी मैत्री हो गई है। सम्भव है वे ही उसकी सहायता कर रहे हों। राम के पराक्रम के विषय में तो मैंने भी सुना है। वे शत्रुओं को देखते-देखते धराशायी कर देते हैं। यदि वे स्वयं सुग्रीव की सहायता कर रहे हैं तो उनसे लड़ कर आपका जीवित रहना कठिन है। इसलिये उचित यही है कि इस अवसर पर आप बैर छोड़ कर सुग्रीव से मित्रता कर लीजिये। उसे युवराज पद दे दीजिये। वह आपका छोटा भाई है और इस संसार में भाई के समान हितू कोई दूसरा नहीं होता। उससे इस समय मैत्री करने में ही आपका कल्याण है।"

तारा के इस प्रकार समझाने वालि ने कहा, "वरानने! मैं सुग्रीव की ललकार को सुन कर कायरों की भाँति घर में छिप कर नहीं बैठ सकता और न ललकारने वाले से भयभीत हो कर उसके सम्मुख मैत्री का हाथ ही बढ़ा सकता हूँ। श्री रामचन्द्र जी के विषय में मैं भी जानता हूँ। वे धर्मात्मा हैं और कर्तव्याकर्तव्य को समझने वाले हैं। वे पापकर्म नहीं कर सकते। तुमने मेरे प्रति अपने स्नेह एवं भक्ति का प्रदर्शन कर दिया। अब मुझे मत रोको। मैं सुग्रीव का सामना अवश्य करूँगा और उसके घमण्ड को चूर चूर कर डालूँगा। युद्ध में मैं उससे विजय प्राप्त करूँगा मगर उसके प्राण नहीं लूँगा।"

यह कह कर वालि सुग्रीव के पास पहुँच कर उससे युद्ध करने लगा। दोनों एक दूसरे पर घूंसों और लातों से प्रहार करने लगे। जब राम ने देखा कि सुग्रीव की शक्ति क्षीण होते जा रही है तो उन्होंने एक विषधर सर्प की भाँति बाण को धनुष पर चढ़ा कर वालि को लक्ष्य करके छोड़ दिया। टंकारध्वनि के साथ वह बाण वालि के वक्ष में जाकर लगा जिससे वह बेसुध हो कर पृथ्वी पर गिर पड़ा।

8
वालि-राम संवाद

- **वालि-राम संवाद**

वालि को पृथ्वी पर गिरते देख राम और लक्ष्मण उसके पास जा कर खड़े हो गये। जब वालि की चेतना लौटी और उसने दोनों भाइयों को अपने सम्मुख खड़े देखा तो वह कठोर शब्दों में बोला, "हे रघुनन्दन! आपने छिप कर जो मुझ पर आक्रमण किया, उससे आपने कौन सा गुण प्राप्त कर लिया? किस महान यश का उपार्जन कर लिया? यद्यपि तारा ने सुग्रीव की और आपकी मैत्री के विषय में मुझे बताया था, परन्तु मैंने आपकी वीरता, शौर्य, पराक्रम, धर्मपरायणता, न्यायशीलता आदि गुणों को ध्यान में रखते हुये उसकी बात नहीं मानी थी और कहा था कि न्यायशील राम कभी अन्याय नहीं करेंगे। आज मुझे ज्ञात हुआ कि आपकी मति मारी गई है। आप दिखावे के लिये धर्म का चोला पहने हुए हैं, वास्तव में आप अधर्मी हैं। आप साधु पुरुष के वेष में एक पापी हैं। मेरा तो आपके साथ कोई बैर भी नहीं है। फिर आपने यह क्षत्रियों को लजाने वाला कार्य क्यों किया? आप नरेश हैं। राजा के गुण साम, दाम, दण्ड, भेद, दान, क्षमा, सत्य, धैर्य और विक्रम होते हैं। कोई राजा किसी निरपराध को दण्ड नहीं देता। फिर आपने मेरा वध क्यों किया है? हे राजकुमार! यदि आपने मेरे समक्ष आकर मुझसे युद्ध किया होता तो आप अवश्य ही मेरे हाथों मारे गये होते। जिस उद्देश्य के लिये आप सुग्रीव की सहायता कर रहे हैं उसी उद्देश्य को यदि आपने मुझसे कहा होता तो मैं एक ही दिन में मिथिलेश कुमारी को ढूँढ कर आपके पास ला देता। आपकी पत्नी का अपहरण करने वाले दुरात्मा राक्षस रावण के गले में रस्सी बाँध कर आपके समक्ष प्रस्तुत कर देता। आपने अधर्मपूर्वक मेरा वध क्यों किया?"

वालि के कठोर वचनों को सुन कर रामचन्द्र ने कहा, "वानर! धर्म, अर्थ, काम और लौकिक सदाचार के विषय तुम्हें ज्ञान ही नहीं है। तुम अपने वानरोचित चपलतावश तुम व्यर्थ ही मुझ पर क्रोधित हो रहे हो। मैंने तुम्हारा वध अकारण या व्यक्तिगत बैरभाव के कारण से नहीं किया है। सौम्य! पर्वतों, वनों और काननों से युक्त सम्पूर्ण भू-मण्डल इक्ष्वाकु

वंश के राजाओं की है। इस समय धर्मात्मा राजा भरत इस पृथ्वी का पालन कर रहे हैं। उनकी आज्ञा से हम सम्पूर्ण पृथ्वी में विचरण करते हुए धर्म के प्रचार के लिये साधुओं की रक्षा तथा दुष्टों का दमन कर रहे हैं। तुमने अपने जीवन में काम को ही प्रधानता दिया और राजोचित मार्ग पर स्थिर नहीं रहे। छोटा भाई, पुत्र और शिष्य तीनों पुत्र-तुल्य होते हैं। तुमने इस धर्माचरण को त्याग कर अपने छोटे भाई सुग्रीव की पत्नी रुमा का हरण किया जो धर्मानुसार तुम्हारी पुत्रवधू हुई। उत्तम कुल में उत्पन्न क्षत्रिय और राजा का प्रतिनिधि होने के कारण तुम्हारे इस महापाप का दण्ड देना मेरा कर्तव्य था। जो पुरुष अपनी कन्या, बहन अथवा अनुजवधू के पास कामबुद्धि से जाता है, उसका वध करना ही उसके लिये उपयुक्त दण्ड माना गया है। इसीलिये मैंने तुम्हारा वध किया। वानरश्रेष्ठ! अपने इस कार्य के लिये मेरे मन में किसी प्रकार संताप नहीं है। मैंने तुम्हें तुम्हारे पिछले पापों का दण्ड दे कर आगे के लिये तुम्हें निष्पाप कर दिया है। अब तुम निष्पाप हो कर स्वर्ग जाओगे।"

राम का तर्क सुन वालि ने हाथ जोड़कर कहा, "हे राघव! आपका कथन सत्य है। मुझे अपनी मृत्यु पर दुःख नहीं है। मेरा पुत्र अंगद मुझे अत्यन्त प्रिय है और मुझे केवल उसी की चिन्ता है। वह अभी बालक है। उसकी बुद्धि अभी परिपक्व नहीं हुई है। उसे मैं आपकी शरण में सौंपता हूँ। आप इसे सुग्रीव की भाँति ही अभय दें, यही आपसे मेरी प्रार्थना है।"

इतना कह कर वालि चुप हो गया और उसके प्राण पखेरू उड़ गये।

9
सुग्रीव का अभिषेक

- **सुग्रीव का अभिषेक**

वालि के अन्तिम संस्कार से निवृत हो जाने के पश्चात् हनुमान ने हाथ जोड़कर श्री रामचन्द्र जी से निवेदन किया, "हे ककुत्स्थनन्दन! वानरराज सुग्रीव को आपकी कृपा से उनके पूर्वजों का राज्य पुनः प्राप्त हो गया है। यह अत्यन्त कठिन कार्य था जो कि आपके प्रसाद स्वरूप ही सम्पन्न हो पाया है। अब आप कृपा कर के उनका राजतिलक कर अंगद को युवराज पर प्रदान करें।"

हनुमान की प्रार्थना सुन कर राम बोले, "हनुमन्! सौम्य! मैं पिता की आज्ञा का पालन करते हुये वन में निवास कर रहा हूँ अतः चौदह वर्ष की अवधि पूर्ण होने के पूर्व किसी नगर अथवा ग्राम में जाना मेरे लिये उचित नहीं है। अतएव तुम लोग सुग्रीव के साथ नगर में जा कर राज्याभिषेक की प्रक्रिया पूर्ण करो।"

फिर राम ने सुग्रीव से कहा, "हे मित्र! तुम लौकिक और शास्त्रीय व्यवहार के के ज्ञाता हो, नीतिवान और लोकव्यवहार कुशल हो, इसलिये अपने भतीजे अंगद को युवराज का पद प्रदान करो। वह तुम्हारे ज्येष्ठ भ्राता का पुत्र ही नहीं है, पराक्रमी और वीर भी है। कुछ दिन तुम लोग राज्य में रह कर शासन व्यवस्था को सुव्यवस्थित करो और प्रजा की भलाई में मन लगाओ। श्रावण का महीना आ गया है और वर्षा की ऋतु का आरम्भ हो चुका है। अतः चार मास तक सीता की खोज सम्भव नहीं है। वर्षा की समाप्ति पर जानकी की खोज कराना। मैं इस अवधि में लक्ष्मण सहित इसी पर्वत पर निवास करूँगा।"

राम से विदा हो कर सुग्रीव किष्किन्धा जा कर किष्किन्धापुरी की शासन व्यवस्था में व्यस्त हो गये।

इस अन्तराल में राम लक्ष्मण के साथ प्रस्रवण पर्वत पर निवास करने लगे। एक सुरक्षित कन्दरा को कुटिया का रूप दे कर वे लक्ष्मण से बोले, "हे भाई! हम वर्षा ऋतु यहीं व्यतीत करेंगे। वृक्षादि से सुशोभित यह पर्वत अत्यन्त रमणीक है। इस गुफा के निकट ही सरिता

के प्रवाहित होने के कारण यह स्थान हमारे लिये और भी सुविधाजनक रहेगा। यहाँ से किष्किन्धा भी अधिक दूर नहीं है, किन्तु इस शान्तिप्रद वातावरण में भी जानकी का वियोग मुझे दुःखी कर रहा है। उसके बिना मेरे हृदय में भयंकर पीड़ा होती है।"

इतना कह कर वे शोक में डूब गये।

अपने अग्रज को शोकातुर देख कर लक्ष्मण बोले, "हे वीर! इस प्रकार व्यथित होने से कोई लाभ नहीं है। शोक से तो उत्साह नष्ट होता है। और उत्साहहीन हो जाने पर रावण से हम कैसे प्रतिशोध ले सकेंगे? इसलिये आप धैर्य धारण कीजिये। हम रावण को मार कर भाभी को अवश्य मुक्त करायेंगे। केवल कुछ दिनों की बात और है।"

लक्ष्मण के वचनों से राम ने अपने हृदय को स्थिर किया और वे प्रकृति की शोभा निहारने लगे। थोड़ी देर तक वे वर्षाकालीन प्राकृतिक दृश्यों का अवलोकन करते रहे। फिर लक्ष्मण से बोले, "हे लक्ष्मण! देखो इस वर्षा ऋतु में प्रकृति कितनी सुन्दर प्रतीत होती है। ये दीर्घाकार मेघ पर्वतों का रूप धारण किये आकाश में दौड़ रहे हैं। इस वर्षा ऋतु में ये मेघ अमृत की वर्षा करेंगे। उस अमृत से भूतलवासियों का कल्याण करने वाली नाना प्रकार की औषधियाँ, वनस्पति, अन्न आदि उत्पन्न होंगे। इधर इन बादलों को देखो, एक के ऊपर एक खड़े हुये ये ऐसे प्रतीत होते हैं मानो प्रकृति ने सूर्य तक पहुँचने के लिये इन कृष्ण-श्वेत सीढ़ियों का निर्माण किया है। शीतल, मंद, सुगन्धित समीर हृदय को किस प्रकार प्रफुल्लित करने का प्रयत्न कर रही हैं, किन्तु विरहीजनों के लिये यह अत्यधिक दुःखदायी भी है। उधर पर्वत पर से जो जलधारा बह रही है, उसे देख कर मुझे ऐसा आभास होता है कि सीता भी मेरे वियोग में इसी प्रकार अश्रुधारा बहा रही होगी। इन पर्वतों को देखो, इन्हें देखकर लगता है जैसे ब्रह्मचारी बैठे हों। ये काले-काले बादल इनकी मृगछालाएँ हों। नद-नाले इनके यज्ञोपववीत हों और बादलों की गम्भीर गर्जना वेदमंत्रों का पाठ हो। कभी कभी ऐसा प्रतीत होता है कि ये बादल गरज नहीं रहे हैं अपितु बिजली के कोड़ों से प्रताड़ित हो कर पीड़ा से कराहते हुये आर्तनाद कर रहे हैं। काले बादलों में चमकती हुई बिजली ऐसी प्रतीत हो रही है मानो राक्षसराज रावण की गोद में मूर्छित पड़ी जानकी हो। हे लक्ष्मण! जब भी मैं वर्षा के दृश्यों को देख कर अपने मन को बहलाने की चेष्टा करता हूँ तभी मुझे सीता का स्मरण हो आता है। यह देखो, काले मेघों ने दसों दिशाओं को अपनी काली चादर से इस प्रकार आवृत कर लिया है जैसे मेरे हृदय की समस्त भावनाओं को जानकी के वियोग ने आच्छादित कर लिया है।

"इस वर्षा ऋतु में राजा लोग अपने शत्रु पर आक्रमण नहीं करते, गृहस्थ लोग घर से परदेस नहीं जाते। घर उनके लिये अत्यन्त प्रिय हो जाता है। राजहंस भीमानसरोवर की ओर चल पड़ते हैं। चकवे अपनी प्रिय चकवियों के साथ मिलने को आतुर हो जाते हैं और उनसे मिल कर अपूर्व प्राप्त करते हैं। किन्तु मैं एक ऐसा अभागा हूँ जिसकी चकवी रूपी सीता अपने चकवे से दूर है। मोर अपनी प्रियाओं के साथ नृत्य कर रहे हैं। ऐसा प्रतीत होता है कि बगुलों की पंक्तियों से शोभायमान, जल से भरे, श्यामवर्ण मेघ मानो किसी लम्बी यात्रा पर जा रहे हैं। वे पर्वतों के शिखरों पर विश्राम करते हुये चल रहे हैं। पृथ्वी पर नई-नई घास

उग आई है और उस पर बिखरी हुई लाल-लाल बीरबहूटियाँ ऐसी प्रतीत होती हैं मानो कोई नवयौवना कामिनी हरे परिधान पर लाल बूटे वाली बेल लगाये लेटी हो। सारी पृथ्वी इस वर्षा के कारण हरीतिमामय हो रही हैं। सरिताएँ कलकल नाद करती हुई बह रही हैं। वानर वृक्षों पर अठखेलियाँ कर रहे हैं। इस सुखद वातावरण में केवल विरहीजन अपनी प्रियाओं के वियोग में तड़प रहे हैं। उन्हें इस वर्षा की सुखद फुहार में भी शान्ति नहीं मिलती। देखो, ये पक्षी कैसे प्रसन्न होकर वर्षा की मंद-मंद फुहारों में स्नान कर रहे हैं। उधर वह पक्षी पत्तों में अटकी हुई वर्षा की बूँद को चाट रहा है। सूखी मिट्टी में सोये हुये मेंढक मेघों की गर्जना से जाग कर ऊपर आ गये हैं और टर्र-टर्र की गर्जना करते हुये बादलों की गर्जना से स्पर्द्धा करने लगे हैं। जल की वेगवती धाराओं से निर्मल पर्वत-शिखरों से पृथ्वी की ओर दौड़ती हुई सरिताओं की पंक्तियाँ इस प्रकार बिखर कर बह रही हैं जैसे किसी के धवल कण्ठ से मोतियों की माला टूट कर बिखर रही हो। लो, अब पक्षी घोंसलों में छिपने लगे हैं, कमल सकुचाने लगे हैं और मालती खिलने लगी है, इससे प्रतीत होता है कि अब शीघ्र ही पृथ्वी पर सन्ध्या की लालिमा बिखर जायेगी।"

फिर राम निःश्वास छोड़ कर बोले, "वालि के मरने से सुग्रीव ने अपना राज्य पा लिया। अब वह अपनी बिछुड़ी हुई पत्नी को पुनः पाकर इस वर्षा का आनन्द उठा रहा होगा। पता नहीं, मैं अपनी बिछुड़ी हुई सीता के कब दर्शन करूँगा। अब तो श्रावण मास का अन्त हो चला है। शीघ्र ही शरद ऋतु का प्रारम्भ होगा। दुर्गम मार्ग फिर आवागमन के लिये खुल जायेंगे। मुझे विश्वास है, शरद ऋतु आते ही सुग्रीव अपने गुप्तचरों से अवश्य सीता की खोज करायेगा।"

इतना कह कर राम गम्भीर कल्पना सागर में गोते लगाने लगे।

10
हनुमान-सुग्रीव संवाद

पवनकुमार हनुमान शास्त्र-विद्, नीतिज्ञ और सूझबूझ वाले मनीषी थे। कब क्या करना चाहिये और क्या नहीं जैसी बातों का उन्हें यथार्थ ज्ञान था। बातचीत करने की कला में वे निपुण थे। उन्होंने देखा, आकाश निर्मल हो गया है, अब न तो बादल ही दिखाई पड़ते हैं और न ही बिजली चमकती है; वर्षा ऋतु समाप्त हो गई है। वे सुग्रीव के विषय में विचार करने लगे। उन्हें स्पष्ट प्रतीत हुआ कि मनोरथ सिद्ध हो जाने के पश्चात् सुग्रीव अपने कर्तव्य की अवहेलना कर के विलासिता में मग्न रहने लगे हैं। उनकी पत्नी रुमा के साथ ही साथ अब तारा भी उनके विलास लीला का एक महत्वपूर्ण अंग बन गई है। राजकाज का भार केवल मन्त्रियों के भरोसे छोड़ कर वे स्वयं स्वेच्छाचारी होते जा रहे हैं। श्री रामचन्द्र जी को दिये गये अपने वचन का उन्हें स्मरण भी नहीं रह गया है।

इस प्रकार से सभी तरह से विचार करके हनुमान सुग्रीव के पास जा कर बोले, "हे राजन्! आपको राज्य और यश दोनों की ही प्राप्ति हो चुकी है। आपने कुल परम्परा से प्राप्त लक्ष्मी का भी विस्तार कर लिया है। अब आपको मित्रों को अपनाने के को भी पूरा कर डालना चाहिये। आपने मित्र के कार्य को सफल बनाने के लिये जो प्रतिज्ञा की है, उसे पूरा करना चाहिये। आप तो जानते ही हैं कि श्री राम हमारे परम मित्र और हितैषी हैं। उनके कार्य का समय बीता जा रहा है। इसलिये हमें जनकनन्दिनी सीता की खोज आरम्भ कर देनी चाहिये।"

सुग्रीव सत्वगुण से सम्पन्न थे। हनुमान के द्वारा स्मरण दिलाये जाने पर तत्काल उन्होंने श्री राम के कार्य को सिद्ध करने का निश्चय किया। उन्होंने नील नामक कुशल वानर को बुला कर आज्ञा दी, "हे नील! तुम ऐसा प्रयत्न करो जिससे मेरी सम्पूर्ण सेना शीघ्र यहाँ एकत्रित हो जाय। सभी यूथपतियों को सेना एवं सेनापतियों के साथ यहाँ अविलम्ब एकत्रित होने का आदेश दो। राज्य सीमा की रक्षा करने वाले सब उद्यमी एवं शीघ्रगामी वानरों को

"

यहाँ तत्काल उपस्थित होने के लिये आज्ञा प्रसारित करो। सभी को सूचित कर दो कि जो भी वानर पन्द्रह दिन के अन्दर यहाँ बिना किसी अपरिहार्य कारण के उपस्थित नहीं होगा, उसे प्राण-दण्ड दिया जायेगा।"

ऐसा प्रबन्ध कर सुग्रीव अपने महलों में चले गये।

शरद ऋतु का आरम्भ हो गया किन्तु राम को सुग्रीव द्वारा सीता के लिये खोज करने की के विषय में कोई सूचना नहीं मिली। वे सोचने लगे कि सुग्रीव अपना उद्देश्य सिद्ध हो जाने पर मुझे बिल्कुल भूल गया है। ऐसा प्रतीत होता है कि अब सीता को पाने की कोई आशा शेष नहीं रह गई है। न जाने सीता पर कैसी बीत रही होगी। राजहंसों के शब्दों को सुन कर निद्रात्याग करने वाली सीता न जाने अब कैसे रह रही होगी। यह शरद ऋतु उसे और भी अधिक व्याकुल कर रही होगी। यह सोचते हुये राम सीता को स्मरण कर के विलाप करने लगे।

उस समय लक्ष्मण फल एकत्रित करने के लिये गये हुए थे। जब लक्ष्मण फल ले कर समीपवर्ती वाटिका से लौटे तो उन्होंने अपने बड़े भाई की अवस्था पर दृष्टिपात किया। लक्ष्मण को देखते ही उन्होंने निश्वास ले कर कहा, "हे लक्ष्मण! पृथ्वी को जलप्लावित कर देने वाले गरजते बादल अब शान्त हो कर पलायन कर गये हैं। आकाश निर्मल हो गया है। चन्द्रमा, नक्षत्र और सूर्य की प्रभा पर शरद ऋतु का प्रभाव स्पष्ट दृष्टिगोचर होने लगा है। हंस मानसरोवर का परित्याग कर पुनः लौट आये हैं और चक्रवातों के समान सरिता के रेतीले तटों पर क्रीड़ा कर रहे हैं। वर्षाकाल में मदोन्मत्त हो कर नृत्य करने वाले मोर अब उदास हो गये हैं। सरिता की कल-कल करती वेगमयी गति अब मन्द पड़ गई है मानो वे कह रही हैं कि चार दिन के यौवन पर मदोन्मत्त हो कर गर्व करना उचित नहीं है। सूर्य की किरणों ने मार्ग की कीचड़ को सुखा डाला है, इससे वे आवागमन और यातायात के लिये खुल गये हैं। राजाओं की यात्रा के दिन आ गये हैं, परन्तु सुग्रीव ने न तो अब तक मेरी सुधि ली है और न जानकी की खोज कराने की कोई व्यवस्था ही की है। वर्षाकाल के ये चार मास सीता के वियोग में मेरे लिये सौ वर्ष से भी अधिक लम्बे हो गये हैं। परन्तु सुग्रीव को मुझ पर अभी तक दया नहीं आई। पता नहीं मेरे भाग्य में क्या लिखा है। राज्य छिन गया, देश निकाला हो गया, पिता की मृत्यु हो गई, पत्नी का अपहरण हो गया और अन्त में इस वानर के द्वारा भी ठगा गया। हे वीर! तुम्हें याद होगा कि सुग्रीव ने प्रतिज्ञा की थी कि वर्षा ऋतु समाप्त होते ही सीता की खोज कराऊँगा, परन्तु अपना स्वर्थ सिद्ध हो जाने के बाद वह इस प्रतिज्ञा को इस प्रकार भूल गया है। इसलिये तुम किष्किन्धा जा कर उस स्वार्थी वानर से कहो कि जो प्रतिज्ञा कर के उसका पालन नहीं करता, वह नीच और पतित होता है। क्या वह भी वालि के जैसे ही यमलोक को जाना चाहता है? तुम उसे मेरी ओर से सचेत कर दो ताकि मुझे कोई कठोर पग उठाने के लिये विवश न होना पड़े।"

11

लक्ष्मण-सुग्रीव संवाद

श्री रामचन्द्र जी की आज्ञा पाकर, सदैव बड़े भाई के हित में लगे रहने वाले, लक्ष्मण क्रुद्ध होकर किष्किन्धा की ओर चले। मार्ग के वृक्षों को बलपूर्वक गिराते हुए, पर्वतशिखरों को उठा कर फेंकते हुए, नगर की ऊँची-ऊँची अट्टालिकाओं से सुशोभित बाजारों और चौराहों को पार कर, वे सुग्रीव के राजप्रासाद में जा पहुँचे। लक्ष्मण को अत्यन्त क्रोधित देख कर सुग्रीव के सुभट भयभीत हो कर इधर-उधर भागने लगे। लक्ष्मण सीधे सुग्रीव के रनिवास में पहुँचे। वहाँ से मृदंग की ताल के साथ कोकिलकण्ठी कामिनियों के गायनों के स्वर निकल रहा था। महाबली लक्ष्मण ने सुग्रीव के उस अन्तःपुर में अनेक रूपरंग की बहुत सी रूप-यौवन के गर्व से भरी हुई सुन्दरी स्त्रियों को देखा। नूपुरों की झंकार और करधनी की खनखनाहट करती हुई परस्त्रियों को देख कर शीलवान लक्ष्मण अत्यन्त लज्जित हो गये। श्री रामचन्द्र जी का कार्य सिद्ध होते न देख कर कुपित लक्ष्मण ने धनुष की टंकार की जिससे समस्त दिशाएँ गूँज उठीं।

उस समय सुग्रीव के कक्ष में इन्द्र की अप्सराओं को भी लजाने वाली नृत्यांगनाएँ नूपुरों और मेखलाओं की झंकार के साथ नृत्य कर रही थीं और सुग्रीव मद्यपान से अचेत अर्द्धनिमीलित नेत्रों से यह सब देख रहा था। धनुष के टंकार की ध्वनि को सुनते ही नृत्य करने वाली रमणियाँ भयभीत हो कर एक ओर खड़ी हो गईं। भय से सुग्रीव का मुख पीला पड़ गया। उसने सहम कर तारा से पूछा, "हे प्रिये! रामचन्द्र जी का यह छोटा भाई अकारण ही इतना क्रुद्ध हो कर क्यों आया है? तुम अपनी मृदु वाणी से उसे शान्त करो! जैसे भी हो वाणी कौशल से उसके क्रोध को शान्त कर के यहाँ आने का कारण ज्ञात करो।"

पति की आज्ञा का पालन करती हुई मुस्कुराती तारा लक्ष्मण के पास पहुँची। अपने सम्मुख सुन्दर युवती को पा कर ब्रह्मचारी लक्ष्मण ने अपने क्रोध को नियन्त्रित किया और अपनी दृष्टि झुका ली। लक्ष्मण को दृष्टि झुकाये देख तारा का भय कुछ कम हुआ।

तारा मृदु वाणी में बोली, "हे रघुकुलश्रेष्ठ! आपके इस क्रोध का क्या कारण है? क्या हम से कोई अपराध हुआ है? यदि आपके दास सुग्रीव से कोई अपराध हुआ भी है तो भी आप जैसे उदार एवं क्षमाशील महापुरुष को उसे क्षमा प्रदान करनी चाहिये। वे आपके सेवक हैं, कृतघ्न नहीं हैं, और न ही वे कपटी एवं मिथ्यावादी हैं। आपके उपकार को वे सदा स्मरण करते रहते हैं और आप दोनों भाइयों का ही गुणगान करते रहते हैं। श्री रामचन्द्र की कृपा से ही उन्होंने अपने राज्य को, रुमा को और मुझे प्राप्त किया है। भारी दुःख के बाद सुख मिलने के कारण उनसे कुछ भूल हो गई है और वे आपके दर्शन न कर सके। आप तो जानते ही हैं कि विश्वामित्र जैसे महामुनि भी घृताची नामक अप्सरा पर मुग्ध हो कर दस वर्ष तक उसके साथ रमण करते रहे थे, फिर सुग्रीव तो एक साधारण व्यक्ति है। हे राघव! मैं हाथ जोड़ कर प्रार्थना करती हूँ कि आप उन्हें क्षमा कर दें। मैं आपको विश्वास दिलाती हूँ कि वे श्री रामचन्द्र जी के कार्य के लिये राज्य का सुख, मुझे, रुमा को और अंगद को भी छोड़ देंगे और जब तक जनक दुलारी सीता जी को श्री रामचन्द्र जी से नहीं मिला देंगे तब तक शान्ति से नहीं बैठेंगे। वानरों के सरदारों को बुलाने के लिये दूत भेजे जा चुके हैं। आज ही वे सब लोग आने वाले हैं। उन सब को ले कर वे आज ही सीतापति के पास जायेंगे। आप क्रोध त्याग कर मेरी बात पर विश्वास करें। मैं कभी मिथ्या भाषण नहीं करती।"

तारा के वाक्यों से शान्त हो कर लक्ष्मण सुग्रीव के पास पहुँचे। लक्ष्मण के पहुँचते ही सुग्रीव अपने आसन से उठ कर खड़ा हो गया। उसके एक ओर रुमा और दूसरी ओर तारा थी। लक्ष्मण ने क्रुद्ध हो कर कहा, "हे वानरराज! संसार जितेन्द्रिय, दयालु और कृतज्ञ राजा का ही सम्मान करता है। जो किसी मनुष्य को सहायता देने का वचन दे कर भी उसकी सहायता नहीं करता उसे आत्महत्या जैसा महापाप लगता है। शास्त्रों में गौघाती, चोर और अपना व्रत भंग करने वाले के लिये तो प्रायश्चित का प्रावधान है, परन्तु कृतघ्नता के पाप का कोई प्रयश्चित नहीं बताया गया है। उसे तो अनन्त काल तक नरक की यातनाएँ भोगनी पड़ती हैं। रामचन्द्र जी ने तुम्हारे साथ जो उपकार किया है, उसे भुला देना तुम्हारे लिये उचित नहीं है। इसलिये सुग्रीव! अब तुम्हें उस वचन का पालन करना चाहिये जो तुमने उन्हें दिया है।"

लक्ष्मण की बात सुन कर सुग्रीव अत्यन्त नम्रता के साथ बोला, "हे रघुकुलतिलक! श्री रामचन्द्र जी की दया से ही मैंने अपना खोया हुआ राज्य फिर से पाया है, इसलिये उनके इस महान उपकार को मैं जीवन भर नहीं भूल सकता। मैं जानता हूँ, वे अपने अपूर्व पराक्रम से सीता को चुराने वाले राक्षस को एक क्षण में नष्ट कर सकते हैं, केवल मेरा मान बढ़ाने के लिये वे मुझसे सहायता माँग रहे हैं। इसके लिये मैं उनका अत्यन्त अनुग्रहीत हूँ। उनके साथ मेरी सेना और मैं भी युद्ध करने के लिये चलेंगे। अब तक हुए विलम्ब के लिये आप मुझे क्षमा करें।"

लक्ष्मण इन वचनों से सन्तुष्ट हो कर बोले, "अब तुम मेरे साथ चल कर भैया के दुःखी मन को सन्तोष दो। वे सीता जी के वियोग में बहुत दुःखी हो रहे हैं।"

12

वानरों को सीता की खोज का आदेश

लक्ष्मण से प्रेरणा पाकर सुग्रीव ने अपने यूथपतियों के साथ रामचन्द्र जी से मिलने के लिये प्रस्थान किया। एक पालकी मँगा कर उसमें पहले लक्ष्मण को आरूढ़ किया और फिर स्वयं भी उसमें जा बैठा। शंखों और भेरियों की ध्वनि करते हुए सहस्त्रों वीरों के साथ सुग्रीव वहाँ पहुँचा जहाँ श्री राम निवास कर रहे थे। लक्ष्मण को आगे कर और हाथ जोड़ कर विनीत भाव से सुग्रीव श्री राम के सम्मुख खड़ा हो गया। रामचन्द्र जी ने प्रसन्न हो कर सुग्रीव को गले लगाया और फिर उसकी प्रशंसा करते हुये कहा, "हे वानरेश! समय पर अपने सम्पूर्ण शुभ कार्यों को करने वाला राजा ही वास्तव में शासन करने के योग्य होता है और जो भोग विलास में लिप्त हो कर इन्द्रयों के वशीभूत हो जाता है, वह अन्त में विनाश को प्राप्त होता है। अब तुम्हारे उद्योग करने का समय आ गया है। अतएव तुम अपने मति अनुसार जैसा उचित समझो, वैसा करो ताकि सीता का पता मुझे शीघ्र प्राप्त हो सके।"

श्री राम के नीतियुक्त वचन सुन कर सुग्रीव ने कहा, "हे प्रभो! मैं तो आपका अकिंचन दास हूँ। मैं आपके उपकार को कभी नहीं भूल सकता। जनकनन्दिनी की शीघ्र खोज करवाने के उद्देश्य से मैं इन सहस्त्र वानर यूथपतियों को ले कर यहाँ उपस्थित हुआ हूँ। इन सबके पास अपनी-अपनी सेनाएँ हैं और ये स्वयं भी इन्द्र के समान पराक्रमी हैं। आपकी आज्ञा पाते ही ये लंकापति रावण को मार कर सीता को ले आयेंगे। इन्हें आप इस कार्य के लिये आज्ञा प्रदान करें।"

सुग्रीव की उत्साहवर्द्धक बात सुन कर राम बोले, "राजन्! सबसे पहले तो इस बात का पता लगाना चाहिये कि सीता जीवित भी है या नहीं। यदि जीवित है, तो उसे कहाँ रखा गया है? रावण का निवास स्थान कहाँ है? उसके पास कितनी और कैसी सेना है? वह स्वयं कितना

पराक्रमी है? इन समस्त बातों के ज्ञात हो जाने पर ही आगे की योजना पर विचार किया जायेगा। यह कार्य ऐसा है जिसे न मैं कर सकता हूँ और न ही लक्ष्मण। केवल तुम ही अपनी सेना के द्वारा करवा सकते हो।"

राम के वचन सुनकर सुग्रीव ने अपने यूथपतियों को बुला कर आज्ञा दी, "हे वीर महारथियों! अब मेरी लाज और श्री रामचन्द्र जी का जीवन तुम लोगों के हाथ में है। तुम दसों दिशाओं में जा कर जानकी जी की खोज करो। उन सभी पर्वतों की दुर्गम कन्दराओं, वनों, नदी तटों, समुद्री द्वीपों, उपत्यकाओं और उन गुप्त स्थानों को छान मारो जहाँ उनके होने की तनिक भी सम्भावना हों। आकाश, पाताल, भूमण्डल का कोई भी स्थान छिपा नहीं रहना चाहिये। एक मास के अन्दर जानकी जी का पता मिल जाना चाहिये। यदि इस अवधि में उनका पता न लगा सके तो तुम स्वयं का वध हुआ समझो।"

13

हनुमान को मुद्रिका देना

वानर यूथपतियों को इस प्रकार की कठोर आज्ञा दे कर सुग्रीव हनुमान से बोला, "हे कपिश्रेष्ठ! पृथ्वी, अन्तरिक्ष, आकाश, पाताल, देवलोक, वन, पर्वत, सागर कोई ऐसा स्थान नहीं है जहाँ तुम्हारी गति न हो। असुर, गन्धर्व, नाग, मनुष्य, देवता, समुद्र तथा पर्वतों सहित सम्पूर्ण लोकों को तुम जानते हो और तुम अतुल, अद्वितीय, पराक्रमी तथा साहसी हो। तुम्हारी सूझबूझ और कार्यकुशलता भी अपूर्व है। यद्यपि मैंने सीता जी की खोज के लिये सब वानरों को आदेश दिया है परन्तु मुझे सच्चा भरोसा तुम्हारे ऊपर ही है और तुम्हें ही उनका पता लगा कर लाना है।"

सुग्रीव का हनुमान पर इतना भरोसा देख कर राम बोले, "हे हनुमान! सुग्रीव की भाँति मुझे भी तुम पर विश्वास है कि तुम सीता का पता अवश्य लगा लोगे। इसलिये मैं तुम्हें अपने नाम से सुशोभित अपनी यह मुद्रिका देता हूँ। जब कभी जानकी मिले, उसे तुम यह मुद्रिका दे देना। इसे पा कर वह तुम्हारे ऊपर सन्देह नहीं करेगी। तुम्हें मेरा दूत समझ कर सारी बातें बता देगी।"

राम की मुद्रिका ले कर हनुमान ने उसे अपने मस्तक से लगाया और सुग्रीव तथा श्री राम के चरणों को स्पर्श कर के वानरों की सेना के साथ सीता को खोजने के लिये निकल पड़े। शेष वानर भी सुग्रीव के निर्देशानुसार भिन्न-भिन्न दिशाओं के लिये चल पड़े। उन्होंने वनों, पर्वतों, गिरिकन्दराओं, घाटियों, ऋषि-मुनियों के आश्रमों, विभिन्न राजाओं की राजधानियों, शैल-शिखरों, सागर द्वीपों, राक्षसों, यक्षों, किन्नरों के आवासों आदि को छान मारा परन्तु कहीं भी उन्हें जनकनन्दिनी सीता का पता नहीं मिला। अन्त में भूख-प्यास से व्यथित हो थक कर उत्साहहीन हो निराशा के साथ एक स्थान पर बैठ कर अपने कार्यक्रम के विषय में विचार विमर्श करने लगे। एक यूथपति ने उन्हें सम्बोधित करते हुये कहा, "हमने उतर पूर्व और पश्चिम दिशा का कोई स्थान नहीं छोड़ा। अत्यन्त अगम्य प्रतीत होने वाले स्थानों को

भी हमने छान मारा किन्तु कहीं भी महारानी सीता का पता नहीं चला। मेरे विचार से अब हमें दक्षिण दिशा की ओर प्रस्थान करना चाहिये। इसलिये अब अधिक समय नष्ट न कर के हमें तत्काल चल देना चाहिये।"

यूथपति का प्रस्ताव स्वीकार कर सबसे पहले यह दल विन्ध्याचल पर पहुँचा। वहाँ की गुफाओं, जंगलों, पर्वत-शिखरों आदि सभी स्थानों को उन्होंने छान मारा किन्तु जनकनन्दिनी सीता के उन्हें दर्शन नहीं मिले। विन्ध्यपर्वत के आसपास का महान देश अनेक गुफाओं तथा घने जंगलों से भरा था इसलिये वहाँ जानकी जी को ढूँढने में उन्हें अत्यन्त कठिनाई का सामन करना पड़ा।

इस प्रकार से जानकी जी की खोज के लिये सुग्रीव के द्वारा दिया गया समय व्यतीत हो गया। समस्त वानर पूर्णतः निराश हो गये और सुग्रीव के द्वारा दिये जाने वाले दण्ड के विषय में सोचकर अत्यन्त भयभीत भी हो गये। उनकी निराशा और भय को देख कर महाबुद्धिमान अंगद ने कहा, "निराश और भयभीत होने की आवश्यकता नहीं है। यदि हम सभी वानर अभी भी प्रयत्न करके जानकी जी को खोज लेंगे तो महाराज सुग्रीव प्रसन्न ही होंगे। कर्म का फल अवश्य ही मिलता है अतः खिन्न होकर उद्योग को छोड़ देना कदापि उचित नहीं है।

राजकुमार अंगद की बातों से उत्साहित होकर वानरों ने जानकी जी की खोज के लिये पुनः उद्योग करना आरम्भ कर दिया। वहाँ के अत्यन्त भयंकर तथा सुनसान जंगलों में न तो पानी मिलता था और न ही किसी प्रकार के कंद-मूल-फल ही मिलते थे। मनुष्य का तो नामोनिशान तक दिखाई नहीं देता था। वहाँ अन्वेषण कार्य बहुत ही कठिन था और वानरों को वहाँ अत्यन्त कष्ट सहन करना पड़ा।

समस्त वानर भूख प्यास से व्याकुल होकर वहाँ घूम रहे थे तो उन्हें एक गुफा दिखाई पड़ी। वह गुफा यद्यपि अन्धकारमय थी किन्तु उसमें से हंस, क्रौंच, सारस और जल से भीगे हुए चकवे निकलते हुए दृष्टिगत हुए। उन जल से भीगे हुए पक्षियों को देख कर हनुमान जी ने अनुमान लगाया कि अवश्य ही उस गुफा के भीतर जल का स्रोत है। हनुमान जी की सलाह के अनुसार समस्त वानर उस गुफा में प्रवेश कर गये।

14

जाम्बवन्त द्वारा हनुमान को प्रेरणा

- **जाम्बवन्त द्वारा हनुमान को प्रेरणा**

वानरों के समक्ष भयंकर महासागर विशाल लहरों से व्याप्त होकर निरन्तर गर्जना कर रहा था। समुद्र तट पर बैठ कर वे विचार विमर्श करने लगे।

युवराज अंगद निराश हो कर बोले, "सीता जी को खोज पाने में हम लोग सर्वथा निष्फल रहे हैं। अब हम लौट कर राजा सुग्रीव और रामचन्द्र जी को कैसे मुख दिखायेंगे। निष्फल हो कर लौटने से तो अच्छा है कि हम यहाँ अपने प्राण त्याग दें।"

इस पर बुद्धिमान हनुमान जी ने कहा, "तारानन्दन! तुम युद्ध में अपने पिता के समान ही अत्यन्त शक्तिशाली हो। अत्यन्त बुद्धिमान होते हुए भी तुम इस तरह से निराशा की बातें कर रहे हो यह तुम्हें शोभा नहीं देता।"

इस प्रकार से उनका विचार विमर्ष चल ही रहा था कि वहाँ पर गृध्रराज सम्पाति आ पहुँचा। वानरों को देख कर वह बोला, "आज दीर्घकाल के पश्चात् मुझे मेरे कर्मों के फल के रूप में यह भोजन प्राप्त हुआ है। मैं एक एक कर के वानरों का भक्षण करता जाउँगा।"

सम्पाति के वचन सुनकर दुःखी हुए अंगद ने हनुमान जी से कहा, "एक तो हम लोग जानकी जी को खोज नहीं पाये, उस पर यह दूसरी विपत्ति आ गई। हमसे तो अच्छा गृध्रराज जटायु ही था जिसने श्री रामचन्द्र जी के कार्य को करते हुये अपने प्राण न्यौछावर कर दिया था।"

अंगद के मुख से जटायु का नाम सुनकर सम्पाति ने आश्चर्य से कहा, "जटायु तो मेरा छोटा भाई है। तुम उसके विषय में मुझे पूरा पूरा हाल कहो।"

अंगद से जटायु के विषय में पूरा हाल सुनकर सम्पाति बोला, "बन्धुओं! तुम सीता जी की खोज करने जा रहे हो। मैं इस विषय में जो भी जानता हूँ वह तुम्हें बताता हूँ क्योंकि रावण

से मैं अपने छोटे भाई जटायु का प्रतिशोध लेना चाहता हूँ। परन्तु मैं वृद्ध और दुर्बल होने के कारण रावण का वध नहीं कर सकता। इसलिये मैं तुम्हें उसका पता बताता हूँ। सीता जी का हरण करने वाला रावण लंका का राजा है और उसने सीता जी को लंकापुरी में ही रखा है जो यहाँ से सौ योजन (चार सौ कोस) की दूरी पर है और इस समुद्र के उस पार है। लंकापुरी में बड़े भयंकर, सुभट, पराक्रमी राक्षस रहते हैं। लंकापुरी एक पर्वत के ऊपर स्वर्ण निर्मित नगरी है जिसका निर्माण स्वयं विश्वकर्मा ने किया है। उसमें बड़ी सुन्दर ऊँची-ऊँची मनोरम स्वर्ण निर्मित अट्टालिकाएँ हैं। वहीं पर स्वर्णकोट से घिरी अशोकवाटिका है जिसमें रावण ने सीता को राक्षसनियों के पहरे में छिपा कर रखा है। इस समुद्र को पार करने का उपाय करो तभी तुम सीता तक पहुँच सकोगे।"

यह कह कर वह गृद्ध मौन हो गया।

विशाल सागर की अपार विस्तार देख कर सभी वानर चिन्तित होकर एक दूसरे का मुँह ताकने लगे। अंगद, नल, नील आदि किसी भी सेनापति को समुद्र पार कर के जाने का साहस नहीं हुआ।

उन सबको निराश और दुःखी देख कर वृद्ध जाम्बन्त ने कहा, "हे पवनसुत! तुम इस समय चुपचाप क्यों बैठे हो? तुम तो वानरराज सुग्रीव के समान पराक्रमी हो। तेज और बल में तो राम और लक्ष्मण की भी बराबरी कर सकते हो। तुम्हारा वेग और विक्रम पक्षिराज गरुड़ से किसी भी भाँति कम नहीं है जो समुद्र में से बड़े-बड़े सर्पों को निकाल लाता है। इतना अतुल बल और साहस रखते हुये भी तुम समुद्र लाँघ कर जानकी जी तक पहुँचने के लिये तैयार क्यों नहीं होते? तुम्हें तो समुद्र या लंका में मृत्यु का भी भय नहीं है क्योंकि तुम्हें देवराज इन्द्र से इच्छामृत्यु का वर प्राप्त है। जब तुम चाहोगे, तभी तुम्हारी मृत्यु होगी अन्यथा नहीं। तुम केशरी के क्षेत्रज और वायुदेव के औरस पुत्र हो, इसीलिये उन्हीं के सदृश तेजस्वी और अबाध गति वाले हो। हम लोगों में तुम ही सबसे अधिक साहसी और शक्तिशाली हो। इसलिये उठो और इस महासागर को लाँघ जाओ। तुम्हीं इन निराश वानरों की चिन्ता को दूर कर सकते हो। मैं जानता हूँ, इस कार्य को केवल तुम और अंगद दो ही व्यक्ति कर सकते हो, पर अंगद अभी बालक है। यदि वह चूक गया और उसकी मृत्यु हो गई तो सब लोग सुग्रीव पर कलंक लगायेंगे और कहेंगे कि अपने राज्य को निष्कंटक बनाने के लिये उसने अपने भतीजे को मरवा डाला। यदि मैं वृद्धावस्था के कारण दुर्बल न हो गया होता तो सबसे पहले मैं समुद्र लाँघता। इसलिये हे वीर! अपनी शक्ति को समझो और समुद्र लाँघने को तत्पर हो जाओ।"

जाम्बवन्त के प्रेरक वचनों को सुन कर हनुमान को अपनी क्षमता और बल पर पूरा विश्वास हो गया। अपनी भुजाओं को तान कर हनुमान ने अपने सशक्त रूप का प्रदर्शन किया और गुरुजनों से बोले, "आपके आशीर्वाद से मैं मेघ से उत्पन्न हुई बिजली की भाँति पलक मारते निराधार आकाश में उड़ जाउँगा। मुझे विश्वास हो गया है कि मैं लंका में जा कर अवश्य विदेहकुमारी के दर्शन करूँगा।"

यह कह कर उन्होंने घोर गर्जना की जिससे समस्त वानरों के हृदय हर्ष से प्रफुल्लित हो गये। सबसे विदा ले कर हनुमान महेन्द्र पर्वत पर चढ़ गये और मन ही मन समुद्र की गहराई का अनुमान लगाने लगे।

15

हनुमान का सागर पार करना

- हनुमान का सागर पार करना

बड़े-बड़े गजराजों से भरे हुए महेन्द्र पर्वत के समतल प्रदेश में खड़े हुए हनुमान जी वहाँ जलाशय में स्थित हुए विशालकाय हाथी के समान जान पड़ते थे। सूर्य, इन्द्र, पवन, ब्रह्मा आदि देवों को प्रणाम कर हनुमान जी ने समुद्र लंघन का दृढ़ निश्चय कर लिया और अपने शरीर को असीमित रूप से बढ़ा लिया। उस समय वे अग्नि के समान जान पड़ते थे।

उन्होंने अपने साथी वानरों से कहा, "हे मित्रों! जैसे श्री रामचन्द्र जी का छोड़ा हुआ बाण वायुवेग से चलता है वैसे ही तीव्र गति से मैं लंका में जाऊँगा और वहाँ पहुँच कर सीता जी की खोज करूँगा। यदि वहाँ भी उनका पता न चला तो रावण को बाँध कर रामचन्द्र जी के चरणों में लाकर पटक दूँगा। आप विश्वास रखें कि मैं सर्वथा कृतकृत्य होकर ही सीता के साथ लौटूँगा अन्यथा रावण सहित लंकापुर को ही उखाड़ कर लाऊँगा।"

इतना कह कर हनुमान आकाश में उछले और अत्यन्त तीव्र गति से लंका की ओर चले। उनके उड़ते ही उनके झटके से साल आदि अनेक वृक्ष पृथ्वी से उखड़ गये और वे भी उनके साथ उड़ने लगे। फिर थोड़ी दूर तक उड़ने के पश्चात् वे वृक्ष एक-एक कर के समुद्र में गिरने लगे। वृक्षों से पृथक हो कर सागर में गिरने वाले नाना प्रकार के पुष्प ऐसे प्रतीत हो रहे थे मानो शरद ऋतु के नक्षत्र जल की लहरों के साथ अठखेलियाँ कर रहे हों। तीव्र गति से उड़ते हुए महाकपि पवनसुत ऐसे प्रतीत हो रहे थे जैसे कि वे महासागर एवं अनन्त आकाश का आचमन करते हुये उड़े जा रहे हैं। तेज से जाज्वल्यमान उनके नेत्र हिमालय पर्वत पर लगे हुये दो दावानलों का भ्रम उत्पन्न करते थे। कुछ दर्शकों को ऐसा लग रहा था कि आकाश में तेजस्वी सूर्य और चन्द्र दोनों एक साथ जलनिधि को प्रकाशित कर रहे हों। उनका लाल कटि

प्रदेश पर्वत के वक्षस्थल पर किसी गेरू के खान का भ्रम पैदा कर रहा था। हनुमान के बगल से जो तेज आँधी भारी स्वर करती हुई निकली थी वह घनघोर वर्षाकाल की मेघों की गर्जना सी प्रतीत होती थी। आकाश में उड़ते हये उनके विशाल शरीर का प्रतिबम्ब समुद्र पर पड़ता था तो वह उसकी लहरों के साथ मिल कर ऐसा भ्रम उत्पन्न करता था जैसे सागर के वक्ष पर कोई नौका तैरती चली जा रही हो। इस प्रकार हनुमान निरन्तर आकाश मार्ग से लंका की ओर बढ़े जा रहे थे।

हनुमान के अद्भुत बल और पराक्रम की परीक्षा करने के लिये देवता, गन्धर्व, सिद्ध और महर्षियों ने नागमाता सुरसा के पास जा कर कहा, "हे नागमाता! तुम जा कर वायुपुत्र हनुमान की यात्रा में विघ्न डाल कर उनकी परीक्षा लो कि वे लंका में जा कर रामचन्द्र का कार्य सफलता पूर्वक कर पायेंगे या नहीं।" ऋषियों के मर्म को समझ कर सुरसा विशालकाय राक्षसनी का रूप धारण कर के समुद्र के मध्य में जा कर खड़ी हो गई और उसने अपने रूप को अत्यन्त विकृत बना लिया। हनुमान को अपने सम्मुख पा कर वह बोली, "आज मैं तुम्हें अपना आहार बना कर अपनी क्षुधा को शान्त करूँगी। मैं चाहती हूँ, तुम स्वयं मेरे मुख में प्रवेश करो ताकि मुझे तुम्हें खाने के लिये प्रयत्न न करना पड़े।" सुरसा के शब्दों को सुन कर हनुमान बोले, "तुम्हारी इच्छा पूरी करने में मुझे कोई आपत्ति नहीं है, किन्तु इस समय मैं अयोध्या के राजकुमार रामचन्द्र जी के कार्य से जा रहा हूँ। उनकी पत्नी को रावण चुरा कर लंका ले गया है। मैं उनकी खोज करने के लिये जा रहा हूँ तुम भी राम के राज्य में रहती हो, इसलिये इस कार्य में मेरी सहायता करना तुम्हारा कर्तव्य है। लंका से मैं जब अपना कार्य सिद्ध कर के लौटूँगा, तब अवश्य तुम्हारे मुख में प्रवेश करूँगा। यह मैं तुम्हें वचन देता हूँ।"

हनुमान की प्रतिज्ञा पर ध्यान न देते हुये सुरसा बोली, "जब तक तुम मेरे मुख में प्रवेश न करोगे, मैं तुम्हारे मार्ग से नहीं हटूँगी।" यह सुन कर हनुमान बोले, "अच्छा तुम अपने मुख को अधिक से अधिक खोल कर मुझे निगल लो। मैं तुम्हारे मुख में प्रवेश करने को तैयार हूँ।" यह कह कर महाबली हनुमान ने योगशक्ति से अपने शरीर का आकार बढ़ा कर चालीस कोस का कर लिया। सुरसा भी अपूर्व शक्तियों से सम्पन्न थी। उसने तत्काल अपना मुख अस्सी कोस तक फैला लिया हनुमान ने अपना शरीर एक अँगूठे के समान छोटा कर लिया और तत्काल उसके मुख में घुस कर बाहर निकल आये। फिर बोले, "अच्छा सुरसा, तुम्हारी इच्छा पूरी हुई अब मैं जाता हूँ। प्रणाम!" इतना कह कर हनुमान आकाश में उड़ गये।

पवनसुत थोड़ी ही दूर गये थे कि सिंहिका नामक राक्षसनी की उन पर दृष्टि पड़ी। वह हनुमान को खाने के लिये लालयित हो उठी। वह छाया ग्रहण विद्या में पारंगत थी। जिस किसी प्राणी की छाया पकड़ लेती थी, वह उसके बन्धन में बँधा चला आता था। जब उसने हनुमान की छाया को पकड़ लिया तो हनुमान की गति अवरुद्ध हो गई। उन्होंने आश्चर्य से सिंहिका की ओर देखा। वे समझ गये, सुग्रीव ने जिस अद्भुत छायाग्राही प्राणी की बात कही थे, सम्भवतः यह वही है। यह सोच कर उन्होंने योगबल से अपने शरीर का विस्तार मेघ के समान अत्यन्त विशाल कर लिया। सिंहिका ने भी अपना मुख तत्काल आकाश से पाताल

तक फैला लिया और गरजती हई उनकी ओर दौड़ी। यह देख कर हनुमान अत्यन्त लघु रूप धारण करके उसके मुख में जा गिरे और अपने तीक्ष्ण नाखूनों से उसके मर्मस्थलों को फाड़ डाला। इसके पश्चात् बड़ी फुर्ती से बाहर निकल कर आकाश की ओर उड़ चले। राक्षसनी क्षत-विक्षत हो कर समुद्र में गिर पड़ी और मर गई।

16

हनुमान जी का लंका में प्रवेश

- **हनुमान जी का लंका में प्रवेश**

चार सौ योजन अलंघनीय समुद्र को लाँघ कर महाबली हनुमान जी त्रिकूट नामक पर्वत के शिखर पर स्वस्थ भाव से खड़े हो गये। कपिश्रेष्ठ ने वहाँ सरल (चीड़), कनेर, खिले हुए खजूर, प्रियाल (चिरौंजी), मुचुलिन्द (जम्बीरी नीबू), कुटज, केतक (केवड़े), सुगन्धपूर्ण प्रियंगु (पिप्पली), नीप (कदम्ब या अशोक), छितवन, असन, कोविदार तथा खिले हुए करवीर भी देखे। फूलों के भार से लदे हुए तथा मुकुलित (अधखिले), बहुत से वृक्ष भी उन्हें दृष्टिगोचर हुए जिनकी डालियाँ झूम रही थीं और जिन पर नाना प्रकार के पक्षी कलरव कर रहे थे।

हनुमान जी धीरे धीरे अद्भुत शोभा से सम्पन्न रावणपालित लंकापुरी के पास पहुँचे। उन्होंने देखा, लंका के चारों ओर कमलों से सुशोभित जलपूरित खाई खुदी हुई है। वह महापुरी सोने की चहारदीवारी से घिरी हुई हैं। श्वेत रंग की ऊँची ऊँची सड़कें उस पुरी को सब ओर से घेरे हुए थीं। सैकड़ों गगनचुम्बी अट्टालिकाएँ ध्वजा-पताका फहराती हुई उस नगरी की शोभा बढ़ा रही हैं।

उस पुरी के उत्तर द्वार पर पहुँच कर वानरवीर हनुमान जी चिन्ता में पड़ गये। लंकापुरी भयानक राक्षसों से उसी प्रकार भरी हुई थी जैसे कि पाताल की भोगवतीपुरी नागों से भरी रहती है। हाथों में शूल और पट्टिश लिये बड़ी बड़ी दाढ़ों वाले बहुत से शूरवीर घोर राक्षस लंकापुरी की रक्षा कर रहे थे। नगर की इस भारी सुरक्षा, उसके चारों ओर समुद्र की खाई और रावण जैसे भयंकर शत्रु को देखकर हनुमान जी विचार करने लगे कि यदि वानर वहाँ तक आ जायें तो भी वे व्यर्थ ही सिद्ध होंगे क्योंकि युद्ध द्वारा देवता भी लंका पर विजय नहीं पा सकते। रावणपालित इस दुर्गम और विषम (संकटपूर्ण) लंका में महाबाहु रामचन्द्र आ

",

भी जायें तो क्या कर पायेंगे? राक्षसों पर साम, दान और भेद की नीति का प्रयोग असम्भव दृष्टिगत हो रहा है। यहाँ तो केवल चार वेगशाली वानरों अर्थात् बालिपुत्र अंगद, नील, मेरी और बुद्धिमान राजा सुग्रीव की ही पहुँच हो सकती है। अच्छा पहले यह तो पता लगाऊँ कि विदेहकुमारी सीता जीवित भी है या नहीं? जनककिशोरी का दर्शन करने के पश्चात् ही मैं इस विषय में कोई विचार करूँगा।

उन्होंने सोचा कि मैं इस रूप से राक्षसों की इस नगरी में प्रवेश नहीं कर सकता क्योंकि बहुत से क्रूर और बलवान राक्षस इसकी रक्षा कर रहे हैं। जानकी की खोज करते समय मुझे स्वयं को इन महातेजस्वी, महापराक्रमी और बलवान राक्षसों से गुप्त रखना होगा। अतः मुझे रात्रि के समय ही नगर में प्रवेश करना चाहिये और सीता का अन्वेषण का यह समयोचित कार्य करने के लिये ऐसे रूप का आश्रय लेना चाहिये जो आँख से देखा न जा सके, मात्र कार्य से ही यह अनुमान हो कि कोई आया था।

देवताओं और असुरों के लिये भी दुर्जय लंकापुरी को देखकर हनुमान जी बारम्बार लम्बी साँस खींचते हुये विचार करने लगे कि किस उपाय से काम लूँ जिसमें दुरात्मा राक्षसराज रावण की दृष्टि से ओझल रहकर मैं मिथिलेशनन्दिनी जनककिशोरी सीता का दर्शन प्राप्त कर सकूँ। अविवेकपूर्ण कार्य करनेवाले दूत के कारण बने बनाये काम भी बिगड़ जाते हैं। यदि राक्षसों ने मुझे देख लिया तो रावण का अनर्थ चाहने वाले श्री राम का यह कार्य सफल न हो सकेगा। अतः अपने कार्य की सिद्धि के लिये रात में अपने इसी रूप में छोटा सा शरीर धारण करके लंका में प्रवेश करूँगा और घरों में घुसकर जानकी जी की खोज करूँगा।

ऐसा निश्चय करके वीर वानर हनुमान सूर्यास्त की प्रतीक्षा करने लगे। सूर्यास्त हो जाने पर रात के समय उन्होंने अपने शरीर को छोटा बना लिया और उछलकर उस रमणीय लंकापुरी में प्रवेश कर गये।

17

हनुमान जी अशोकवाटिका में

हनुमान जी सीता की खोज के अपने निश्चय पर अडिग हो गये। उन्होंने प्रण कर लिया कि जब तक मैं यशस्विनी श्री रामपत्नी सीता का दर्शन न कर लूँगा तब तक इस लंकापुरी में बारम्बार उनकी खोज करता ही रहूँगा। इधर यह अशोकवाटिका दृष्टिगत हो रही है जिसके भीतर अनेक विशाल वृक्ष हैं। इस वाटिका में मैंने अभी तक अनुसंधान नहीं किया है अतः अब इसी में चलकर जनककुमारी वैदेही को ढूँढना चाहिये।

वह अशोकवाटिका चारों ओर से ऊँचे परकोटों से घिरी हुई थी। अतः वाटिका के भीतर जाने के उद्देश्य से हनुमान जी उसकी चहारदीवारी पर चढ़ गये। चहारदीवारी पर बैठे हुए उन्होंने देखा कि वहाँ साल, अशोक, निम्ब और चम्पा के वृक्ष भली-भाँति खिले हुए थे। बहुवार, नागकेसर और बन्दर के मुँह की भाँति लाल फल देने वाले आम भी पुष्प मञ्जरियों से सुशोभित हो रहे थे। अमराइयों से युक्त वे सभी वृक्ष शत-शत लताओं से आवेष्टित हो रहे थे। हनुमान जी प्रत्यञ्चा से छूटे हुए बाण के समान उछले और उन वृक्षों की वाटिका में जा पहुँचे।

वह विचित्र वाटिका स्वर्ण और रजत के समान वर्ण वाले वृक्षों द्वारा सब ओर से घिरी हुई थी और नाना प्रकार के पक्षियों के कलरव से गुंजायमान हो रही थी। भाँति-भाँति के विहंगमों और मृगसमूहों से उसकी विचित्र शोभा हो रही थी। वह विचित्र काननों से अलंकृत थी और नवोदित सूर्य के समान अरुण रंग की दिखाई देती थी। फूलों और फलों से लदे हुए नाना प्रकार के वृक्षों से व्याप्त हुई उस अशोकवाटिका का मतवाले कोकिल और भ्रमर सेवन करते थे। मृग और द्विज (पक्षी) मदमत्त हो उठते थे। मतवाले मोरों का कलनाद वहाँ निरन्तर

गूँजता रहता था। वाटिका में जहाँ-तहाँ विभिन्न आकारों वाली बावड़ियाँ थीं जो उत्तम जल और मणिमय सोपानों से युक्त थीं। जल के नीचे की फर्श स्फटिक मणि की बनी हुई थी और बावड़ियों के तटों पर तरह-तरह के विचित्र सुवर्णमय वृक्ष शोभा दे रहे थे। उनमें खिले हुए कमलों के वन, चक्रवाकों के जोड़े, पपीहा, हंस और सारस वहाँ की शोभा बढ़ा रहे थे। उस अशोकवाटिका में विश्वकर्मा के बनाये हुए बड़े-बड़े महल और कृत्रम कानन सब ओर से उसकी शोभा बढ़ा रहे थे।

तदन्तर महाकपि हनुमान ने एक सुवर्णमयी शिंशपा (अशोक) वृक्ष देखा जो बहुत से लताविताानों और अगणित पत्तों से व्याप्त था तथा सब ओर से सुवर्णमयी वेदिकाओं से घिरा था। महान वेगशाली हनुमान जी उस अशोक वृक्ष पर यह सोचकर चढ़ गये कि मैं यहीं से श्री रामचन्द्र जी के दर्शन के लिये उत्सुक हुई विदेहनन्दिनी सीता को देखूँगा जो दुःख से आतुर हो इच्छानुसार इधर-उधर आती होंगी। यह प्रातःकाल की सन्ध्योपासना का समय है और सन्ध्याकालिक उपासना के लिये वैदेही अवश्य ही यहाँ पर पधारेंगी। ऐसा सोचते हुए महात्मा हनुमान जी नरेन्द्रपत्नी सीता के शुभागमन की प्रतीक्षा में तत्पर हो उस अशोकवृक्ष पर छिपे रहकर उस सम्पूर्ण वन पर दृष्टिपात करते रहे।

उस अशोकवाटिका में वानर-शिरोमणि हनुमान ने थोड़ी ही दूर पर एक गोलाकार ऊँचा एक हजार खंभों वाला गोलाकार प्रासाद देखा जो कैलास पर्वत के समान श्वेत वर्ण का था। उसमें मूँगे की सीढ़ियाँ बनीं थीं तथा तपाये हुए सोने की वेदियाँ बनायी गयीं थीं। उनकी दृष्टि वहाँ एक सुन्दरी स्त्री पर पड़ी जो मलिन वस्त्र धारण किये राक्षसियों से घिरी हुई बैठी थी। अलंकारशून्य होने के कारण वह कमलों से रहित पुष्करिणी के समान श्रीहीन दिखाई देती थी। वह शोक से पीड़ित, दुःख से संतप्त और सर्वथा क्षीणकाय हो रही थी। उपवास से दुर्बल हुई उस दुखिया नारी के मुँह पर आँसुओं की धारा बह रही थी। वह शोक और चिन्ता में मग्न हो दीन दशा में पड़ी हुई थी एवं निरन्तर दुःख में ही डूबी रहती थी। काली नागिन के समान कटि से नीचे तक लटकी हुई एकमात्र काली वेणी द्वारा उपलक्षित होनेवाली वह नारी बादलों के हट जाने पर नीली वनश्रेणी से घिरी हुई पृथ्वी के समान प्रतीत होती थी।

हनुमान जी ने अनुमान किया कि हो-न-हो यही सीता है। इन्हीं के वियोग में दशरथनन्दन राम व्याकुल हो रहे हैं। यह तपस्विनी ही उनके हृदय में अक्षुण्ण रूप से निवास करती हैं। इन्हीं सीता को पुनः प्राप्त करने के लिये रामचन्द्र जी ने वालि का वध कर के सुग्रीव को उनका खोया हुआ राज्य दिलाया है। इन्हीं को खोज पाने के लिये मैंने विशाल सागर को पार कर के लंका के भवन अट्टालिकाओं की खाक छानी है। इस अद्भुत सुन्दरी को प्राप्त करने के लिये रघुनाथ जी सागर पर्वतों सहित यदि सम्पूर्ण धरातल को भी उलट दें तो भी कम है। ऐसी पतिपरायणा साध्वी देवी के सम्मुख तीनों लोकों का राज्य और चौदह भुवन की सम्पदा भी तुच्छ है। आज यह महा पतिव्रता राक्षसराज रावण के पंजों में फँस कर असह्य कष्ट भोग रही है। मुझे अब इस बात में तनिक भी सन्देह नहीं है कि यह वही सीता है जो अपने देवता तुल्य पति के प्रेम के कारण अयोध्या के सुख-वैभव का परित्याग कर

के रामचन्द्र के साथ वन के कष्टों को हँस-हँस कर झेलने के लिये चली आई थीं और जिसे नाना प्रकार के दुःखों को उठा कर भी कभी वन में आने का पश्चाताप नहीं हुआ। वही सीता आज इस राक्षसी घेरे में फँस कर अपने प्राणनाथ के वियोग में सूख-सूख कर काँटा हो गई हैं, किन्तु उन्होंने अपने सतीत्व पर किसी प्रकार की आँच नहीं आने दिया। इसमें सन्देह नहीं, यदि इन्होंने रावण के कुत्सित प्रस्ताव को स्वीकार कर लिया होता तो आज इनकी यह दशा नहीं होती। राम के प्रति इनके मन में कितना अटल स्नेह है, यह इसी बात से सिद्ध होता है कि ये न तो अशोकवाटिका की सुरम्य शोभा को निहार रही हैं और न इन्हें घेर कर बैठी हुई निशाचरियों को। उनकी एकटक दृष्टि पृथ्वी में राम की छवि को निहार रही हों।

सीता की यह दीन दशा देख कर भावुक पवनसुत के नेत्रों से अश्रुधारा प्रवाहित हो चली। वे सुध-बुध भूल कर निरन्तर आँसू बहाने लगे। कभी वे सीता जी की दीन दशा को देखते थे और कभी रामचन्द्र जी के उदास दुःखी मुखण्डल का स्मरण करते थे। इसी विचारधारा में डूबते-उतराते रात्रि का अवसान होने और प्राची का मुखमण्डल उषा की लालिमा से सुशोभित होने लगी। तभी हनुमान को ध्यान आया कि रात्रि समाप्तप्राय हो रही है। वे चैतन्य हो कर ऐसी युक्ति पर विचार करने लगे जिससे वे सीता से मिल कर उनसे वार्तालाप करके उन तक श्री रामचन्द्र जी का सन्देश पहुँच सकें।

18

हनुमान सीता भेट

• **हनुमान सीता भेट**

पराक्रमी हनुमान जी विचार करने लगे कि सीता का अनुसंधान करते करते मैंने गुप्तरूप से शत्रु की शक्ति का पता लगा लिया है तथा राक्षसराज रावण के प्रभाव का भी निरीक्षण भी कर लिया है। जिन सीता जी को हजारों-लाखों वानर समस्त दिशाओं में ढूँढ रहे हैं, आज उन्हें मैंने पा लिया है। ये शोक के कारण व्याकुल हो रही हैं अतः इन्हें सान्त्वना देना उचित है। परन्तु राक्षसियों की उपस्थिति में इनसे बात करना मेरे लिये ठीक नहीं होगा। अब मेरे समक्ष समस्या यह है कि मैं अपने इस कार्य को कैसे सम्पन्न करूँ। यदि रात्रि के व्यतीत होते होते मैंने सीता जी को सान्त्वना नहीं दिया तो निःसन्देह ये सर्वथा अपने जीवन का परित्याग कर देंगी। यदि किसी कारणवश मैं सीता से न मिल सका तो मेरा सारा प्रयत्न निष्फल हो जायेगा। रामचन्द्र और सुग्रीव को सीता के यहाँ उपस्थित होने का समाचार देने से भी कोई लाभ नहीं होगा, क्योंकि इनकी दुःखद दशा को देखते हुये यह नहीं कहा जा सकता कि ये किस समय निराश हो कर अपने प्राण त्याग दें।

इसलिये उचित यही होगा कि मैं सीता जी, जिनका चित अपने स्वामी में ही लगा हुआ है, को श्री राम के गुण गा-गाकर सुनाऊँ जिससे उन्हें मुझ पर विश्वास हो जाये। इस प्रकार भली-भाँति विचार कर के हनुमान मन्द-मन्द मृदु स्वर में बोलने लगे, "इक्ष्वाकुओं के कुल में परमप्रतापी, तेजस्वी, यशस्वी एवं धन-धान्य समृद्ध विशाल पृथ्वी के स्वामी चक्रवर्ती महाराज दशरथ हुये हैं। उनके ज्येष्ठ पुत्र उनसे भी अधिक तेजस्वी, परमपराक्रमी, धर्मपरायण, सर्वगुणसम्पन्न, अतीव दयानिधि श्री रामचन्द्र जी अपने पिता द्वारा की गई प्रतिज्ञा का पालन करने के लिये अपने छोटे भाई लक्ष्मण के साथ जो उतने ही वीर, पराक्रमी और भ्रातृभक्त हैं, चौदह वर्ष की वनवास की अवधि समाप्त करने के लिये अनेक वनों में भ्रमण करते हुये चित्रकूट में आकर निवास करने लगे। उनके साथ उनकी परमप्रिय पत्नी महाराज जनक की लाड़ली सीता जी भी थीं। वनों में ऋषि-मुनियों को सताने वाले राक्षसों

का उन्होंने सँहार किया। लक्ष्मण ने जब दुराचारिणी शूर्पणखा के नाक-कान काट लिये तो उसका प्रतिशोध लेने के लिये उसके भाई खर-दूषण उनसे युद्ध करने के लिये आये जिनको रामचन्द्र जी ने मार गिराया और उस जनस्थान को राक्षसविहीन कर दिया।

जब लंकापति रावण को खर-दूषण की मृत्यु का समाचार मिला तो वह अपने मित्र मारीच को ले कर छल से जानकी का हरण करने के लिये पहुँचा। मायावी मारीच ने एक स्वर्ण मृग का रूप धारण किया, जिसे देख कर जानकी जी मुग्ध हो गईं। उन्होंने राघवेन्द्र को प्रेरित कर के उस माया मृग को पकड़ कर या मार कर लाने के लिये भेजा।

दुष्ट मारीच ने मरते-मरते राम के स्वर में 'हा सीते! हा लक्ष्मण!' कहा था। जानकी जी भ्रम में पड़ गईं और लक्ष्मण को राम की सुधि लेने के लिये भेजा। लक्ष्मण के जाते ही रावण ने छल से सीता का अपहरण कर लिया। लौट कर राम ने जब सीता को न पाया तो वे वन-वन घूम कर सीता की खोज करने लगे। मार्ग में वानरराज सुग्रीव से उनकी मित्रता हुई। सुग्रीव ने अपने लाखों वानरों को दसों दिशाओं में जानकी जी को खोजने के लिये भेजा. मुझे भी आपको खोजने का काम सौंपा गया। मैं चार सौ कोस चौड़े सागर को पार कर के यहाँ पहुँचा हूँ। श्री रामचन्द्र जी ने जानकी जी के रूप-रंग, आकृति, गुणों आदि का जैसे वर्णन किया था, उस शुभ गुणों वाली देवी को आज मैंने देख लिया है।" इतना कह कर हनुमान चुप हो गये।

उनकी बातें सुनकर जनकनन्दिनी सीता को विस्मययुक्त प्रसन्नता हुई। जब उन्होंने ऊपर-नीचे तथा इधर-उधर दृष्टिपात किया तो शाखा के भीतर छिपे हुए, विद्युतपुञ्ज के समान अत्यन्त पिंगल वर्ण वाले श्वेत वस्त्रधारी हनुमान जी पर उनकी दृष्टि पड़ी। स्वयं पर सीता जी की दृष्टि पड़ते देख कर मूँगे के समान लाल मुख वाले महातेजस्वी पवनकुमार उस अशोक वृक्ष से नीचे उतर आये। माथे पर अञ्जलि बाँध सीता जी निकट आकर उन्होंने विनीतभाव से दीनतापूर्वक प्रणाम किया और मधुर वाणी में कहा, "हे देवि! आप कौन हैं? आपका कोमल शरीर सुन्दर वस्त्राभूषणों से सुसज्जित होने योग्य होते हुये भी आप इस प्रकार का नीरस जीवन व्यतीत कर रही हैं।

आपके अश्रु भरे नेत्रों से ज्ञात होता है कि आप अत्यन्त दुःखी हैं। आपको देख कर ऐसा प्रतीत होता है किस आप आकाशमण्डल से गिरी हुई रोहिणी हैं। आपके शोक का क्या कारण है? कहीं आपका कोई प्रियजन स्वर्ग तो नहीं सिधार गया? कहीं आप जनकनन्दिनी सीता तो नहीं हैं जिन्हें लंकापति रावण जनस्थान से चुरा लाया है? जिस प्रकार आप बार-बार ठण्डी साँसें लेकर 'हा राम! हा राम!' पुकारती हैं, उससे ऐसा अनुमान लगता है कि आप विदेहकुमारी जानकी ही हैं।

यदि आप सीता जी ही हैं तो आपका कल्याण हो। आप मुझे सही-सही बताइये, क्या मेरा यह अनुमान सही है?" हनुमान का प्रश्न सुन कर सीता बोली, "हे वानरराज! तुम्हारा अनुमान अक्षरशः सही है। मैं जनकपुरी के महाराज जनक की पुत्री, अयोध्या के चक्रवर्ती महाराज दशरथ की पुत्रवधू तथा परमतेजस्वी धर्मात्मा श्री रामचन्द्र जी की पत्नी हूँ।

जब श्री रामचन्द्र जी अपने पिता की आज्ञा से वन में निवास करने के लिये आये तो मैं भी उनके साथ वन में आ गई थी। वन से ही यह दुष्ट पापी रावण छलपूर्वक मेरा अपहरण करके मुझे यहाँ ले आया। वह मुझे निरन्तर यातनाएँ दे रहा है। आज भी वह मुझे दो मास की अवधि देकर गया है। यदि दो मास के अन्दर मेरे स्वामी ने मेरा उद्धार नहीं किया तो मैं अवश्य प्राण त्याग दूँगी। यही मेरे शोक का कारण है। अब तुम मुझे कुछ अपने विषय में बताओ।"

19

हनुमान का सीता को धैर्य बँधाना

• हनुमान का सीता को धैर्य बँधाना

पति के हाथ को सुशोभित करने वाली उस मुद्रिका को लेकर सीता जी उसे ध्यानपूर्वक देखने लगीं। उसे देखकर जानकी जी को इतनी प्रसन्नता हुई मानो स्वयं उनके पतिदेव ही उन्हें मिल गये हों। उनका लाल, सफेद और विशाल नेत्रों से युक्त मनोहर मुख हर्ष से खिल उठा, मानो चन्द्रमा राहु के ग्रण से मुक्त हो गया हो। पूर्णरूप से सन्तुष्ट हो कर वे हनुमान के साहसपूर्ण कार्य की सराहना करती हुई बोलीं, "हे वानरश्रेष्ठ! तुम वास्तव में अत्यन्त चतुर, साहसी तथा पराक्रमी हो। जो कार्य सहस्त्रों मेधावी व्यक्ति मिल कर नहीं कर सकते, उसे तुमने अकेले कर दिखाया। तुमने दोनों रघुवंशी भ्राताओं का कुशल समाचार सुना कर मुझ मृतप्राय को नवजीवन प्रदान किया है।

हे पवनसुत! मैं समझती हूँ कि अभी मेरे दुःखों का अन्त होने में समय लगेगा। अन्यथा ऐसा क्या कारण है कि विश्वविजय का सामर्थ्य रखने वाले वे दोनों भ्राता अभी तक रावण को मारने में सफल नहीं हुये। कहीं ऐसा तो नहीं है कि दूर रहने के कारण राघवेन्द्र का मेरे प्रति प्रेम कम हो गया हो? अच्छा, यह बताओ क्या कभी अयोध्या से तीनों माताओं और मेरे दोनों देवरों का कुशल समाचार उन्हें प्राप्त होता है? क्या तेजस्वी भरत रावण का नाश करके मुझे छुड़ाने के लिये अयोध्या से सेना भेजेंगे? क्या मैं कभी अपनी आँखों से दुरात्मा रावण को राघव के बाणों से मरता देख सकूँगी? हे वीर! अयोध्या से वन के लिये चलते समय रामचन्द्र जी के मुख पर जो अटल आत्मविश्वास तथा धैर्य था, क्या अब भी वह वैसा ही है?"

सीता के इन प्रश्नों को सुन कर हनुमान बोले, "हे देवि! जब रघुनाथ जी को आपकी दशा की सूचना मुझसे प्राप्त होगी, तब वे बिना समय नष्ट किये वानरों और रिक्षों की विशाल

सेना को लेकर लंकापति रावण पर आक्रमण करके उसकी इस स्वर्णपुरी को धूल में मिला देंगे और आपको इस बंधन से मुक्त करा के ले जायेंगे। आर्ये! आजकल वे आपके ध्यान में इतने निमग्न रहते हैं कि उन्हें अपने तन-बदन की भी सुधि नहीं रहती, खाना पीना तक भूल जाते हैं। उनके मुख से दिन रात 'हा सीते!' शब्द ही सुनाई देते हैं। आपके वियोग में वे रात को भी नहीं सो पाते। यदि कभी नींद आ भी जाय तो 'हा सीते!' कहकर नींद में चौंक पड़ते हैं और इधर-उधर आपकी खोज करने लगते हैं। उनकी यह दशा हम लोगों से देखी नहीं जाती। हम उन्हें धैर्य बँधाने का प्रयास करते हैं, किन्तु हमें सफलता नहीं मिलती। उनकी पीड़ा बढ़ती जाती है।"

अपने प्राणनाथ की दशा का यह करुण वर्णन सुनकर जानकी के नेत्रों से अविरल अश्रुधारा बह चली। वे बोलीं, "हनुमान! तुमने जो यह कहा है कि वे मेरे अतिरिक्त किसी अन्य का ध्यान नहीं करते इससे तो मेरे स्त्री-हृदय को अपार शान्ति प्राप्त हुई है, किन्तु मेरे वियोग में तुमने उनकी जिस करुण दशा का चित्रण किया है, वह मुझे विषमिश्रित अमृत के समान लगा है और उससे मेरे हृदय को प्राणान्तक पीड़ा पहुँची है। वानरशिरोमणे! दैव के विधान को रोकना प्राणियों के वश की बात नहीं है। यह सब विधाता का विधान है जिसने हम दोनों को एक दूसरे के विरह में तड़पने के लिये छोड़ दिया है। न जाने वह दिन कब आयेगा जब वे रावण का वध करके मुझ दुखिया को दर्शन देंगे? उनके वियोग में तड़पते हुये मुझे दस मास व्यतीत हो चुके हैं। यदि दो मास के अन्दर उन्होंने मेरा उद्धार नहीं किया तो दुष्ट रावण मुझे मृत्यु के घाट उतार देगा। वह बड़ा कामी तथा अत्याचारी है। वह वासना में इतना अंधा हो रहा है कि वह किसी की अच्छी सलाह मानने को तैयार नही होता।

उसी के भाई विभीषण की पुत्री कला मुझे बता रही थी किस उसके पिता विभीषण ने रावण से अनेक बार अनुग्रह किया कि वह मुझे वापस मेरे पति के पास पहुँचा दे, परन्तु उसने उसकी एक न मानी। वह अब भी अपनी हठ पर अड़ा हुआ है। मुझे अब केवल राघव के पराक्रम पर ही विश्वास है, जिन्होंने अकेले ही खर-दूषण को उनके चौदह सहस्त्र युद्धकुशल सेनानियों सहित मार डाला था। देखें, अब वह घड़ी कब आती है जिसकी मैं व्याकुलता से प्रतीक्षा कर रही हूँ।" यह कहते युये सीता अपने नेत्रों से आँसू बहाने लगी।

सीता को विलापयुक्त वचन को सुनकर हनुमान ने उन्हें धैर्य बँधाते हुये कहा, "देवि! आप दुःखी न हों। मैं आपको विश्वास दिलाता हूँ कि मेरे पहुँचते ही प्रभु वानर सेना सहित लंका पर आक्रमण करके दुष्ट रावण का वध कर आपको मुक्त करा देंगे। मुझे तो यह लंकापति कोई असाधारण बलवान दिखाई नहीं देता। यदि आप आज्ञा दें तो मैं अभी इसी समय आपको अपनी पीठ पर बिठा कर लंका के परकोटे को फाँद कर विशाल सागर को लाँघता हुआ श्री रामचन्द्र जी के पास पहुँचा दूँ। मैं चाहूँ तो इस सम्पूर्ण लंकापुरी को रावण तथा राक्षसों सहित उठा कर राघव के चरणों में ले जाकर पटक दूँ। इनमें से किसी भी राक्षस में इतनी सामर्थ्य नहीं है कि वह मेरे मार्ग में बाधा बन कर खड़ा हो सके।

20

हनुमान का सीता को अपना विशाल रूप दिखाना

- हनुमान का सीता को अपना विशाल रूप दिखाना

वानरश्रेष्ठ हनुमान के मुख से यह अद्भुत वचन सुनकर सीता जी ने विस्मयपूर्वक कहा, "वानरयूथपति हनुमान! तुम्हारा शरीर तो छोटा है तुम इतनी दूरी वाले मार्ग पर मुझे कैसे ले जा सकोगे? तुम्हारे इस दुःसाहस को मैं वानरोचित चपलता ही समझती हूँ।"

सीता का अपने प्रति अविश्वास हनुमान को अपना तिरस्कार सा लगा। फिर उन्होंने सोचा कि मेरी शक्ति और सामर्थ्य से अपरिचित होने के कारण ही ये ऐसा कह रही हैं अतः इन्हें यह दिखा देना ही उचित होगा कि मैं अपनी इच्छानुरूप रूप धारण कर सकता हूँ। ऐसा सोचकर वे बुद्धिमान कपिवर उस वृक्ष से नीचे कूद पड़े और सीता जी को विश्वास दिलाने के लिये बढ़ने लगे। क्षणमात्र में उनका शरीर मेरु पर्वत के समान ऊँचा हो गया। वे प्रज्वलित अग्नि के समान तेजस्वी प्रतीत होने लगे। तत्पश्चात् पर्वत के समान विशालकाय, तामे के समान लाल मुख तथा वज्र के समान दाढ़ और नख वाले भयानक महाबली वानरवीर हनुमान विदेहनन्दिनी से बोले, "देवि! मुझमें पर्वत, वन, अट्टालिका, चहारदीवारी और नगरद्वार सहित इस लंकापुरी को रावण के साथ ही उठा ले जाने की शक्ति है। अतः हे विदेहनन्दिनी! आपकी आशंका व्यर्थ है। देवि! आप मेरे साथ चलकर लक्ष्मण सहित श्री रघुनाथ जी का शोक दूर कीजिये।"

हनुमान के आश्चर्यजनक रूप को विस्मय से देखती हुई सीता जी बोलीं, "हे पवनसुत! तुम्हारी शक्ति और सामर्थ्य में अब मुझे किसी प्रकार की शंका नहीं रही है। तुम्हारी गति वायु के समान और तेज अग्नि के समान है। किन्तु मैं तुम्हारे प्रस्ताव को स्वीकार करने में असमर्थ हूँ। मैं अपनी इच्छा से अपने पति के अतिरिक्त किसी अन्य पुरुष के शरीर का स्पर्श नहीं कर सकती। मेरे जीवन में मेरे शरीर का स्पर्श केवल एक परपुरुष ने किया है और वह

दुष्ट रावण है जिसने मेरा हरण करते समय मुझे बलात् अपनी गोद में उठा लिया था। उसकी वेदना से मेरा शरीर आज तक जल रहा है। इसका प्रायश्चित तभी होगा जब राघव उस दुष्ट का वध करेंगे। इसी में मेरा प्रतिशोध और उनकी प्रतिष्ठा है।"

जानकी के मुख से ऐसे युक्तियुक्त वचन सुन कर हनुमान का हृदय गद्-गद् हो गया। वे प्रसन्न होकर बोले, "हे देवि! महान सती साध्वियों को शोभा देने वाले ऐसे शब्द आप जैसी परम पतिव्रता विदुषी ही कह सकती हैं। आपकी दशा का वर्णन मैं श्री रामचन्द्र जी से विस्तारपूर्वक करूँगा और उन्हें शीघ्र ही लंकापुरी पर आक्रमण करने के लिये प्रेरित करूँगा। अब आप मुझे कोई ऐसी निशानी दे दें जिसे मैं श्री रामचन्द्र जी को देकर आपके जीवित होने का विश्वास दिला सकूँ और उनके अधीर हृदय को धैर्य बँधा सकूँ।"

हनुमान के कहने पर सीता जी ने अपना चूड़ामणि खोलकर उन्हें देते हुये कहा, "यह चूड़ामणि तुम उन्हें दे देना। इसे देखते ही उन्हें मेरे साथ साथ मेरी माताजी और अयोध्यापति महाराज दशरथ का भी स्मरण हो आयेगा। वे इसे भली-भाँति पहचानते हैं। उन्हें मेरा कुशल समाचार देकर लक्ष्मण और वानरराज सुग्रीव को भी मेरी ओर से शुभकामनाएँ व्यक्त करना। यहाँ मेरी जो दशा है और मेरे प्रति रावण तथा उसकी क्रूर दासियों का जो व्यवहार है, वह सब तुम अपनी आँखों से देख चुके हो, तुम समस्त विवरण रघुनाथ जी से कह देना। लक्ष्मण से कहना, मैंने तुम्हारे ऊपर अविश्वास करके जो तुम्हें अपने ज्येष्ठ भ्राता के पीछे कटुवचन कह कर भेजा था, उसका मुझे बहुत पश्चाताप है और आज मैं उसी मूर्खता का परिणाम भुगत रही हूँ। पवनसुत! और अधिक मैं क्या कहूँ, तुम स्वयं बुद्धिमान और चतुर हो। जैसा उचित प्रतीत हो वैसा कहना और करना।"

जानकी के ऐसा कहने पर दोनों हाथ जोड़ कर हनुमान उनसे विदा लेकर चल दिये।

21

समुद्र पार करने की चिन्ता

- समुद्र पार करने की चिन्ता

हनुमान के मुख से सीता का समाचार पाकर रामचन्द्र जी अत्यन्त प्रसन्न हुये और कहने लगे, "हनुमान ने बहुत भारी कार्य किया है भूतल पर ऐसा कार्य होना कठिन है। इस महासागर को लाँघ सकने की क्षमता गरुड़, वायु और हनुमान को छोड़कर किसी दूसरे में नहीं है। देवताओं, राक्षसों, यक्षों, गन्धर्वों तथा दैत्यों द्वारा रक्षित लंका में प्रवेश करके उसमें से सुरक्षित निकल आना केवल हनुमान के लिये ही सम्भव है। इन्होंने समुद्र-लंघन आदि कार्यों के द्वारा अपने पराक्रम के अनुरूप बल प्रकट कर के एक सच्चे सेवक के योग्य सुग्रीव का बहुत बड़ा कार्य सम्पन्न किया है। स्वामी द्वारा दिये गये कार्य को सेवक उत्साह तथा लगन से पूरा करे तो वह श्रेष्ठ होता है। जो सेवक कार्य तो पूर्ण कर दे, किन्तु बिना किसी उत्साह के पूरा करे, वह मध्यम होता है और आज्ञा पाकर भी कार्य न करने वाला सेवक अधम कहलाता है। हनुमान ने स्वामी के एक कार्य में नियुक्त होकर उसके साथ ही दूसरे महत्वपूर्ण कार्यों को भी पूरा किया है और सुग्रीव को पूर्णतः सन्तुष्ट कर दिया है। आज मेरे पास पुरस्कार देने योग्य वस्तु का अभाव है। यह बात मेरे मन कसक उत्पन्न कर रही है कि यहाँ जिसने मुझे ऐसा प्रिय संवाद सुनाया, उसका मैं कोई वैसा ही प्रिय कार्य नहीं कर पा रहा हूँ। अतः इस समय मैं इन महात्मा हनुमान को केवल अपना प्रगाढ़ आलिंगन प्रदान अपना सर्वस्व इसे समर्पित करता हूँ।"

ऐसा कहते-कहते श्री रामचन्द्र जी के अंग-प्रत्यंग प्रेम से पुलकित हो गये और उन्होंने अपनी आज्ञा के पालन में सफलता पाकर लौटे हुए पवित्रात्मा हनुमान जी को हृदय से लगा लिया।

फिर थोड़ी देर तक विचार करके रामचन्द्र जी ने सुग्रीव से कहा, "हे वानरराज! जानकी की खोज का कार्य तो सुचारुरूप से सम्पन्न हो गया किन्तु समुद्र की दुस्तरता का विचार

करके मेरे मन का उत्साह पुनः नष्ट हो रहा है। महान जलराधि से परिपूर्ण समुद्र को पार करना अत्यन्त कठिन है। यह कार्य कैसे हो पायेगा?"

राम को इस प्रकार चिन्तित देख सुग्रीव ने कहा, "वीरवर! आप दूसरे साधारण मनुष्यों की भाँति क्यों सन्ताप कर रहे हैं? जैसे कृतघ्न पुरुष सौहार्द्र को त्याग देता है उसी प्रकार से आप भी इस सन्ताप को त्याग दें। जब सीता जी का पता लग गया है तो मुझे आपके इस दुःख और चिन्ता का कोई कारण नहीं दिखाई देता। मेरी वानर सेना की वीरता और पराक्रम के सामने यह समुद्र बाधा बन कर खड़ा नहीं हो सकता। हम समुद्र पर पुल बना कर उसे पार करेंगे। परिश्रम और उद्योग से कौन सा कार्य सिद्ध नहीं हो सकता? हमें कायरों की भाँति समुद्र को बाधा मान निराश होकर नहीं बैठना चाहिये।"

सुग्रीव के उत्साहपूर्ण शब्दों से सन्तुष्ट होकर राघव हनुमान से बोले, "हे वीर हनुमान! कपिराज सुग्रीव की पुल बनाने की योजना से मैं सहमत हूँ। यह कार्य शीघ्र आरम्भ हो जाये, ऐसी व्यवस्था तो सुग्रीव कर ही देंगे। इस बीच तुम मुझे रावण की सेना, उसकी शक्ति, युद्ध कौशल, दुर्गों आदि के विषय में विस्तृत जानकारी दो। मुझे विश्वास है कि तुमने इन सारी बातों का अवश्य ही विस्तारपूर्वक अध्ययन किया होगा। तुम्हारी विश्लेषण क्षमता पर मुझे पूर्ण विश्वास है।"

रघुनाथ जी का आदेश पाकर पवनपुत्र हनुमान ने कहा, "हे सीतापते! लंका जितनी ऐश्वर्य तथा समृद्धि से युक्त है, उतनी ही वह विलासिता में डूबी हुई भी है। सैनिक शक्ति उसकी महत्वपूर्ण है। उसमें असंख्य उन्मत्त हाथी, रथ और घोड़े हैं। बड़े-बड़े पराक्रमी योद्धा सावधानी से लंकापुरी की रक्षा करते हैं। उस विशाल नगरी के चार बड़े-बड़े द्वार हैं। प्रत्येक द्वार पर ऐसे शक्तिशाली यन्त्र लगे हुये हैं जो लाखों की संख्या में आक्रमण करने वाले शत्रु सैनिकों को भी द्वार से दूर रखने की क्षमता रखते हैं। इसके अतिरिक्त प्रत्येक द्वार पर अनेक बड़ी-बड़ी शतघनी (तोप) रखी हुई हैं जो विशाल गोले छोड़ कर अपनी अग्नि से समुद्र जैसी विशाल सेना को नष्ट करने की सामर्थ्य रखती है। लंका को और भी अधिक सुरक्षित रखने के लिये उसके चारों ओर अभेद्य स्वर्ण का परकोटा खींचा गया है। परकोटे के साथ-साथ गहरी खाइयाँ खुदी हुई हैं जो अगाध जल से भरी हुई हैं। उस जल में नक्र, मकर जैसे भयानक हिंसक जल-जीव निवास करते हैं। परकोटे पर थोड़े-थोड़े अन्तर से बुर्ज बने हुये हैं। उन पर विभिन्न प्रकार के विचित्र किन्तु शक्तिशाली यन्त्र रखे हुये हैं। यदि किसी प्रकार से शत्रु के सैनिक परकोटे पर चढ़ने में सफल हो भी जायें तो ये यन्त्र अपनी चमत्कारिक शक्ति से उन्हें खाई में धकेल देते हैं। लंका के पूर्वी द्वार पर दस सहस्त्र पराक्रमी योद्धा शूल तथा खड्ग लिये सतर्कतापूर्वक पहरा देते हैं। दक्षिण द्वार पर एक लाख योद्धा अस्त्र-शस्त्रों से सुसज्जित होकर सदैव सावधानी की मुद्रा में खड़े रहते हैं। उत्तर और पश्चिम के द्वारों पर भी सुरक्षा की ऐसी ही व्यवस्था है। इतना सब कुछ होते हुये भी आपकी कृपा से मैंने उनकी शक्ति काफी क्षीण कर दी है क्योंकि जब रावण ने मेरी पूँछ में कपड़ा लपेट कर आग लगवा दी थी तो मैंने उसी जलती हुई पूँछ से लंका के दुर्गों को या तो समूल नष्ट कर दिया या उन्हें

अपार क्षति पहुँचाई है। अनेक यन्त्रों की दुर्दशा कर दी है और कई बड़े-बड़े सेनापतियों को यमलोक भेज दिया है। अब तो केवल सागर पर सेतु बाँधने की देर है, फिर तो राक्षसों का विनाश होते अधिक देर नहीं लगेगी।"

22

वानर सेना का प्रस्थान

- वानर सेना का प्रस्थान

हनुमान के मुख से लंका का यह विशद वर्णन सुन कर रामचन्द्र बोले, "हनुमान! तुमने भयानक राक्षस रावण की जिस लंकापुरी का वर्णन किया है, उसे मैं शीघ्र ही नष्ट कर डालूँगा। सुग्रीव! अभी विजय नामक मुहूर्त है और इस मुहूर्त में प्रस्थान करना अत्यन्त उपयुक्त है। अतः तुम तत्काल प्रस्थान की तैयारी करो। आज उत्तराफाल्गुनी नामक नक्षत्र है। कल चन्द्रमा का हस्त नक्षत्र से योग होगा। इसलिये हे सुग्रीव! हम लोगों का आज ही सारी सेनाओं के साथ यात्रा आरम्भ कर देना ही उचित है। इस समय जो शकुन प्रकट हो रहे हैं उन्हें देखकर यह विश्वास होता है कि मैं अवश्य ही रावण का वध कर के जनकनन्दिनी सीता को ले आऊँगा।"

रघुनाथ जी के वचन सुनकर महापराक्रमी वानरशिरोमणि सुग्रीव ने वानर सेनापतियों को यथोचित आज्ञा दी और समस्त महाबली वानरगण अपनी गुफाओं और शिखरों से शीघ्र ही निकल कर उछलते-कूदते हुए चलने लगे। उनमें से कुछ वानर उस सेना की रक्षा के लिये उछलते-कूदते चारों ओर चक्कर लगाते थे, कुछ मार्गशोधन के लिये कूदते-फाँदते आगे बढ़ते जाते थे, कुछ वानर मेघों के समान गर्जते, कुछ सिंहों के समान दहाड़ते और कुछ किलकारियाँ भरते हुए दक्षिण दिशा की ओर अग्रसर हो रहे थे। इस प्रकार से लाखों और करोड़ों वानर आगे-आगे श्री रामचन्द्र, लक्ष्मण और सुग्रीव को ले कर जयजयकार करते हुये सागर तट की ओर चल पड़े। 'श्री रामचन्द्र की जय' और 'रावण की क्षय' की घोषणाओं से दसों दिशाएँ गूँजने लगी। कुछ वानर बारी-बारी से दोनों भाइयों को अपनी पीठ पर चढ़ाये लिये जा रहे थे। उनको अपनी-अपनी पीठ पर चढ़ाने के लिये वे एक दूसरे से प्रतिस्पर्धा करने लगे। उनकी तीव्र गति के कारण समस्त वातावरण धूलि-धूसरित हो रहा था। अम्बर धूमिल हो गया था और आकाश में चमकता हुआ सूर्य भी फीका पड़ गया था। जब वह सेना नदी नालों को पार करती तो उनके प्रवाह भी उसके कारण परिवर्तित हो जाते थे। चारों ओर वानर

ही वानर दिखाई देते थे। वे मार्ग में कहीं विश्राम लेने के लिये भी एक क्षण को नहीं ठहरते थे। उनके मन मस्तिष्क पर केवल रावण छाया हुआ था। वे सोचते थे कि कब लंका पहुँचें और कब राक्षसों का संहार करें। इस प्रकार राक्षसों के संहार की कल्पना में लीन यह विशाल वानर सेना समुद्र तट पर जा पहुँची। अब वे उस क्षण की कल्पना करने लगे जब वे समुद्र पार करके दुष्ट रावण की लंका में प्रवेश करके अपने अद्भुत पराक्रम का प्रदर्शन करेंगे।

सागर के तट पर एक स्वच्छ शिला पर बैठ राम सुग्रीव से बोले, "हे सुग्रीव! हम सागर के तट तक तो पहुँच गये। अब यहाँ मन में फिर वही चिन्ता उत्पन्न हो गई कि इस विशाल सागर को कैसे पार किया जाय। अपनी सेना की छावनी यहीं डाल कर हमें इस समुद्र को पार करने का उपाय सोचना चाहिये। इधर जब तक हम इसका उपाय ढूँढें, तुम अपने गुप्तचरों को सावधान कर दो कि वे शत्रु की गतिविधियों के प्रति सचेष्ट रहें। कोई वानर अपने छावनी से अकारण बाहर भी न जाये क्योंकि इस क्षेत्रमें लंकेश के गुप्तचर अवश्य सक्रिय होंगे।

रामचन्द्र जी के निर्देशानुसार समुद्र तट पर छावनी डाल दी गई। समुद्र की उत्तुंग तरंगें आकाश का चुम्बन कर अपने विराट रूप का प्रदर्शन कर रहा था। सम्पूर्ण वातावरण जलमय प्रतीत होता था। आकाश में चमकने वाला नक्षत्र समुदाय सागर में प्रतिबिंबित होकर समुद्र को ही आकाश का प्रतिरूप बना रहा था। वानर समुदाय समुद्र की छवि को आश्चर्य, कौतुक और आशंका से देख रहा था।

23

सेतु बन्धन

- सेतु बन्धन

वानरसेना के समक्ष विशाल समुद्र लहरें मार रहा था और उसे पार करना एक बहुत बड़ी समस्या थी। राम के क्रोध से भयभीत होकर समुद्र ने स्वयं वहाँ आकर बताया कि सुग्रीव की सेना में नल और नील कुशल शिल्पी हैं। उनके नेतृत्व में समुद्र पर सेतु बाँधना सम्भव हो सकेगा। इतना बताकर समुद्र वापस चले गये।

समुद्र की बात सुनकर वानर नल ने श्री राम से कहा, "प्रभो, मैं विश्वकर्मा का औरस पुत्र हूँ और गुण में उन्हीं के समान हूँ। मैं महासागर पर पुल बाँधने में सर्वथा समर्थ हूँ इसलिये मैं समुद्र पर सेतु का निर्माण करूँगा।

नल-नील असंख्य वानरों को लेकर सेतु निर्माण के कार्य में जुट गये। उनके आदेश के अनुसार वानर सेना बड़े-बड़े वृक्षों को उखाड़ कर समुद्र तट पर एकत्रित करने लगे। देखते-देखते वहाँ साल, अश्वकर्ण, धब, बाँस, कुटज, अर्जुन, कर्णिकार, जामुन, अशोक आदि वृक्षों का एक विशाल गगनचुम्बी ढेर लग गया। इस प्रकार सागर के किनारे वृक्षों तथा शिलाओं के दो विशाल पर्वत बन गये। इसके पश्चात् उन्होंने बड़े-बड़े शिलाखण्डों को समुद्र में नल-नील के निर्देशानुसार डालना आरम्भ किया। उन शिलाखण्डों एवं वृक्षों को शिल्पकला में चतुर नल-नील सेतु का रूप देते जा रहे थे। इस प्रकार उन्होंने अधिक परिश्रम करके पहले ही दिन छप्पन कोस लम्बा पुल बना दिया। दूसरे दिन उन्होंने और भी अधिक फुर्ती दिखाई और चौरासी कोस लम्बा पुल बनाया। फिर अतुल परिश्रम से तीसरे दिन बानबे कोस लम्बा सेतु बनाया। इस प्रकार निरन्तर परिश्रम करके उन्होंने चार सौ कोस लम्बा पुल बना डाला। अब नल-नील के प्रयत्नों से चालीस कोस चौड़ा और चार सौ कोस लम्बा मजबूत पुल बन कर तैयार हो गया।

समुद्र पर सेतु बन जाने के पश्चात् श्री रामचन्द्र जी ने हनुमान की पीठ पर और लक्ष्मण ने अंगद की पीठ पर बैठ कर सेतु पर होते हुये विशाल सागर पार किया। उनके पीछे-पीछे

सम्पूर्ण वानर सेना भी सुग्रीव के नेतृत्व में समुद्र को पार कर लंका में पहुँच गई। इस सेना के लंका में पहुँचते ही राक्षसों में भयानक हलचल मच गई। वे लंका दहन की घटना को स्मरण कर भयभीत होने लगे।

उधर रावण ने शुक और सारण नामक मन्त्रियों को बुला कर उनसे कहा, "हे चतुर मन्त्रियो! अब राम ने वानरों की सहायता से अगाध समुद्र पर सेतु बाँध कर उसे पार कर लिया है और वह लंका के द्वार पर आ पहुँचा है। तुम दोनों वानरों का वेश बना कर राम की सेना में प्रवेश करो और यह पता लगाओ कि शत्रु सेना में कुल कितने वानर हैं, उनके पास अस्त्र-शस्त्र कितने और किस प्रकार के हैं तथा मुख्य-मुख्य वानर नायकों के नाम क्या हैं।"

रावण की आज्ञा पाकर दोनों कूटनीतिज्ञ मायावी राक्षस वानरों का वेश बना कर वानरोंसेना में घुस गये, परन्तु वे विभीषण की तीक्ष्ण दृष्टि से बच न सके। विभीषण ने उन दोनों को पकड़ कर राम के सम्मुख करते हुये कहा, "हे राघव! ये दोनों गुप्तचर रावण के मन्त्री शुक और सारण हैं जो हमारे कटक में गुप्तचरी करते पकड़े गये हैं।"

राम के सामने जाकर दोनों राक्षस थर-थर काँपते हुये बोले, "हे राजन्! हम राक्षसराज रावण के सेवक हैं। उन्हीं की आज्ञा से आपके बल का पता लगाने के लिये आये थे। हम उनकी आज्ञा के दास हैं, इसलिये उनका आदेश पालन करने के लिये विवश हैं। राजभक्ति के कारण हमें ऐसा करना पड़ा है। इसमें हमारा कोई दोष नहीं है।"

उनके ये निश्चल वचन सुन कर रामचन्द्र बोले, "हे मन्त्रियो! हम तुम्हारे सत्य भाषण से बहुत प्रसन्न हैं। तुमने यदि हमारी शक्ति देख ली है, तो जाओ। यदि अभी कुछ और देखना शेष हो तो भली-भाँति देख लो। हम तुम्हें कोई दण्ड नहीं देंगे। आर्य लोग शस्त्रहीन व्यक्ति पर वार नहीं करते। अतएव तुम अपना कार्य पूरा करके निर्भय हो लंका को लौट जाओ। तुम साधारण गुप्तचर नहीं, रावण के मन्त्री हो। इसलिये उससे कहना, जिस बल के भरोसे पर तुमने मेरी सीता का हरण किया है, उस बल का परिचय अपने भाइयों, पुत्रों तथा सेना के साथ हमें रणभूमि में देना। कल सूर्योदय होते ही अन्धकार की भाँति तुम्हारी सेना का विनाश भी आरम्भ हो जायेगा।"

श्री रामचन्द्र जी के वचनों से भयरहित हो उनका जयजयकार करते हुये शुक तथा सारण लंका में पहुँचे और रावण के सम्मुख उपस्थित होकर बोले, "हे स्वामिन्! हमारे वानर सेना में प्रवेश करते ही विभीषण ने हमें पहचान कर राम के सम्मुख उपस्थित कर दिया, परन्तु राम ने हमें निःशस्त्र दूत समझ कर छोड़ दिया। अब रही वानरों के बल की बात, उसका पता लगाना सम्भव नहीं है, क्योंकि उनमें प्रत्येक के मन में आपके विरुद्ध क्रोध तथा घृणा की ज्वाला धधक रही है। उनसे बात करना ही सम्भव नहीं है, किसी बात का पता लगाना तो बहुत कठिन है। राम ने कहलवाया है कि सूर्योदय होते ही वह राक्षस सेना का विनाश आरम्भ कर देगा। अब आप जैसा उचित समझें वैसा करें।"

दोनों मन्त्रियों के ये वचन सुनकर रावण क्रोध से उबलते हुये बोला, "चाहे कुछ भी हो जाय, मैं किसी भी दशा में सीता को वापिस नहीं करूँगा। मुझे विश्वास है, राम अपनी सेना

सहित युद्ध भूमि में मेरे हाथों से अवश्य मारा जायेगा।"

मन्त्रियों के उत्तर से सन्तुष्ट न होकर रावण ने कुछ अन्य गुप्तचरों को छद्म वेश में वानर सेना में भेजा। उन्होंने बड़ी चतुराई से सम्पूर्ण जानकारी प्राप्त करके रावण को बतलाया कि राम ने अपना सैनिक शिविर सुवेल पर्वत पर लगाया है। उनमें जाम्बवन्त नामक ऋक्ष सबसे दुर्धुर्ष एवं तेजस्वी है। उसके अतिरिक्त तीन वानर सबसे अधिक बलवान और पराक्रमी हैं। उनके नाम सुमुख, दुर्मुख तथा वेगदर्शी हैं। नल-नील उस सैनिक टुकड़ी के अध्यक्ष हैं जिसने समुद्र पर सेतु बाँधा है। अंगद अपने पिता वालि से भी अधिक तेजस्वी एवं बलवान है। उसके अतिरिक्त सहस्रों अद्भुत शक्तिसम्पन्न पराक्रमी वानर हैं। राम और लक्ष्मण तो जनस्थान को नष्ट करके अपने बल का परिचय आपको दे ही चुके हैं।

24

अंगद रावण दरबार में

सुवेल पर्वत पर श्री रामचन्द्र जी ने लंका का निरीक्षण करने के पश्चात् वे अपने सेनपतियों, विभीषण तथा वानरों आदि को लेकर लंका के मुख्य द्वार के निकट पहुँचे। यही लंका का सबसे विशाल मुख्य द्वार था। उन्होंने वहाँ पर एक दर्भेद्य व्यूह की रचना की। उस विशाल द्वार पर लक्ष्मण सहित राम धनुष धारण कर खड़े हो गये। पूर्व द्वार पर सेनापति नल, नील, मैंद तथा द्विविद असंख्य पराक्रमी वीरों के साथ खड़े हुये। दक्षिण द्वार पर अंगद, ऋषभ, गज, गवय तथा गवाक्ष नामक तेजस्वी सेनापति एकत्रित हुये। पश्चिम द्वार से आक्रमण का भार हनुमान, प्रजंघ, तरस आदि अद्वितीय पराक्रमी सेनानायकों को सौंपा गया। उन सबके मध्य में एक दुर्भेद्य व्यूह बनाकर वानरराज सुग्रीव चुने हुये वानरों के साथ खड़े हो गये। रामचन्द्र और सुग्रीव दोनों के बीच में विशाल सेना लेकर जाम्बवन्त तथा सुषेण खड़े हुये।

इस प्रकार की व्यूह रचना करके राम ने राजधर्म का विचार करते हुए वालिपुत्र अंगद को बुला कर बोले, "सौम्य! कपिवर! तुम तेजस्वी, बलवान तथा वाक्-पटु हो। इस लिये तुम रावण से जाकर कहो कि तुम चोरों की भाँति एकान्त से सीता को चुरा लाये थे। अब रणभूमि में आकर अपना रणकौशल दिखाओ। हम तुम्हें एक अवसर और देते हैं। यदि तुम सीता को लेकर दाँतों में तृण दबाकर हमसे अपने अपराध के लिये क्षमायाचना करोगे तो हम तुम्हें अब भी क्षमा कर देंगे, अन्यथा कल प्रातःकाल से युद्ध होगा जिसमें तुम समस्त राक्षसों के साथ मारे जाओगे।"

रामचन्द्र की आज्ञा पाकर वालिसुत अंगद छलांग लगाकर लंका के परकोटे को पार कर रावण के दरबार में पहुँचे। उन्होंने कहा, "मैं वालि का पुत्र और श्री रामचन्द्र जी का दूत अंगद हूँ। श्री रामचन्द्र जी ने कहलाया है किस तुमने सीता को चुरा कर जो जघन्य अपराध किया है, उसके लिये मैं परिवार सहित तुम्हारा और तुम्हारे वंश का नाश करूँगा। यदि अब भी तुम

अपनी कुशल चाहते हो तो सीता को आगे करके मुख में तृण रखकर क्षमायाचना करो, तुमको क्षमा कर दिया जायेगा तुम देवता, दानवों, यक्ष, गन्धर्व सबके शत्रु हो, इसलिये तुम्हारा विनाश करना ही श्रेयस्कर है। मैं श्री रामचन्द्र जी की ओर से तुम्हें एक बार फिर समझाता हूँ, यदि तुमने उनसे क्षमा नहीं माँगी तो तुम मारे जाओगे और लंका का राज्य तथा ऐश्वर्य तुम्हारा भाई विभीषण भोगेगा।"

अंगद के कठोर वचन सुनकर क्रुद्ध हो रावण ने अपने सैनिकों को आज्ञा दी, "इस दुर्बुद्धि वानर को पकड़ कर मौत के घाट उतार दो।"

रावण की आज्ञा पाते ही चार राक्षसों ने अंगद को पकड़ लिया। पकड़े जाने पर उन्होंने एक धक्का देकर उन्हें भूमि पर गिरा दिया और स्वयं छलांग लगाकर छत पर पहुँच गये। क्रोध से जब उन्होंने छत पर अपना पैर पटका तो एक ही आघात से छत ध्वस्त हो कर नीचे आ गिरी। फिर विजय गर्जना करते हुये अपने कटक को लौट गये।

इसी समय गुप्तचरों ने आकर रावण को सूचना दी कि वानरों ने लंका को चारों ओर से घेर लिया है। उसने स्वयं छत पर चढ़कर चारों ओर वानरों की विशाल सेना को व्यूह बनाये देखा तो एक बार उसका हृदय भी भय और आशंका व्याप्त हो उठा।

उधर अंगद के पहुँचने के पश्चात् रामचन्द्र जी ने अपनी सेना को लंका का विध्वंस करने तथा राक्षसों का वध करने की आज्ञा दी। आज्ञा पाते ही वानर सेना बड़े-बड़े वृक्षों एवं शिलाखण्डों को लेकर लंका पर चढ़ दौड़ी। वे वृक्षों, पत्थरों, लात-घूसों से परकोटे और उसके द्वारों को तोड़ने और विशाल खाई को पाटने लगे। थोड़ी ही देर में उन्होंने भयंकर आघातों से नगर के चारों फाटक चूर-चूर कर दिया। परकोटे में बड़े-बड़े छेद हो गये। जब पुरी के द्वार और परकोटे नष्ट-भ्रष्ट हो गये तो रावण ने राक्षस योद्धाओं को बाहर निकल कर युद्ध करने का आदेश दिया। आदेश मिलते ही राक्षस सेना हाथियों, घोड़ों, रथों आदि पर सवार होकर अपनी पैदल सेना के साथ पूरे वेग से वानरों पर टूट पड़ी। दोनों ओर के सैनिक अपने प्राणों का मोह त्याग कर भयानक युद्ध करने लगे। हाथी, घोड़ों की चिंघाड़ तथा हिनहिनाहट से, तलवारों की झंकार और सैनिकों के ललकार भरे जयजयकार से सारा वातावरण गूँज उठा। नाना प्रकार के वाद्यवृन्द तथा रणभेरियाँ योद्धाओं के उत्साह को द्विगुणित कर रही थीं। वानरों का उत्साह राक्षसों से कई गुणा अधिक था। उनके वृक्षों, शिलाओं, नखों तथा दाँतों के प्रहार ने राक्षसों की सेना में भयंकर मार-काट मचा दी अस्ख्य राक्षस मर-मर कर गिरने लगे। समुद्र तट से लंका के द्वार तक भूमि मृत एवं घयल सैनिकों से पटी दिखाई देती थी।

25

धूम्राक्ष और वज़दंष्ट्र का वध

- **धूम्राक्ष और वज़दंष्ट्र का वध**

जब हर्षोन्मत्त वानरों का तुमुलनाद सुन कर रावण को आश्चर्य हुआ और आशंका ने उसे आ घेरा। उसने तत्काल मन्त्रियों से कहा, "वानरसेना में इतना उत्साह कैसे आ गया? मेघनाद ने तो राम और लक्ष्मण का वध कर दिया था। शीघ्र पता लगाकर बताओ, इसका क्या कारण है? कहीं भरत तो अयोध्या से विशाल सेना लेकर नहीं आ गया? आखिर ऐसी कौन सी बात हुई है जो वानर सेना राम की मृत्यु का दुःख भी भूलकार गर्जना कर रही है।"

तभी एक गुप्तचर ने आकर सूचना दी कि राम और लक्ष्मण मरे नहीं हैं, वे नागपाश से मुक्त होकर युद्ध की तैयारी कर रहे हैं।

यह सुनते ही रावण का मुख फीका पड़ गया। उसने क्रोधित होकर पराक्रमी धूम्राक्ष को आज्ञा दी, "हे वीरश्रेष्ठ धूम्राक्ष! तुमने अब तक अनेक बार अद्भुत पराक्रम प्रदर्शित किया है। तुम सहस्त्रों वीरों को अकेले मार सकते हो। एक विशाल सेना लेकर जाओ और राम-लक्ष्मण सहित शत्रु सेना का वध करो।"

रावण की आज्ञा पाते ही शूल, गदा, तोमर, भाले, पट्टिश आदि शस्त्रों से युक्त राक्षसों की विशाल सेना लेकर धूम्राक्ष रणभूमि में जा पहुँचा। इस विशाल वाहिनी को देख कर वानर सेना घोर गर्जना करती हुई उस पर टूट पड़ी। धूम्राक्ष कंकपत्रों वाले तीक्ष्ण बाणों से वानरों को घायल करने लगा। वे भी राक्षसों के वार बचाकर बड़े-बड़े शिलाखण्ड ले आकाश में उड़ कर उन पर फेंकने लगे। आकाश को उद्यत राक्षसी सेना को अपने प्राण बचाने कठिन हो गये। फिर भी राक्षस सेना का एक भाग अपने प्राणों की चिन्ता न करके बाणों, त्रिशूलों आदि से वानरों का लहू बहा रहा था। चारों ओर रक्त की नदियाँ बहने लगीं। जिधर देखो उधर ही

राक्षसों और वानरों के रुण्ड-मुण्ड दिखाई देते थे। कानों के पर्दों को फाड़ने वाला चीत्कार और हाहाकार सुनाई दे रहा था। रणोन्मत्त धूम्राक्ष हताहत वीरों के शरीरों को रौंदता हुआ अपने अग्नि बाणों से वानर सेना को भस्मीभूत कर रहा था। उसके आक्रमण की ताव न लाकर वानर सेना इधर-उधर भागने लगी। अपनी सेना की यह दुर्दशा देख कर हनुमान ने क्रोध से भरकर एक विशाल शिला उखाड़ी और लक्ष्य तानकर धूम्राक्ष की ओर फेंक दी। उस शिला को अपनी ओर आते देख वह फुर्ती से रथ से कूद पड़ा। इस बीच में रथ चूर-चूर हो चुका था और घोड़े तथा सारथी मर चुके थे। राक्षस सेनापति को इस प्रकार बचता देख हनुमान का क्रोध और भी भड़क उठा। उन्होंने दाँतों, नाखूनों से उनके और धूम्राक्ष के बीच में आने वाले राक्षस समुदाय का विनाश करके मार्ग साफ कर लिया। जब उसने हनुमान को भयंकर रूप से अपनी ओर आते देखा तो लोहे के काँटों से भरी हुई गदा उठाकर उनके सिर पर दे मारी। हनुमान ने वार बचा कर एक भारी शिला उठाई और आकाश में उड़ कर धूम्राक्ष को दे मारी। इससे उसके शरीर की समस्त हड्डियाँ टूट गईं और वह पृथ्वी पर गिरकर यमलोक सिधार गया। उसके मरते ही राक्षस भी भाग छूटे।

रावण ने जब धूम्राक्ष की मृत्यु का समाचार सुना तो वह क्रोध से पागल हो गया। उसके नेत्रों से चिंगारियाँ निकलने लगीं। उसने वज्रदंष्ट्र को बुलाकर आज्ञा दी कि वह राम-लक्ष्मण तथा हनुमान सहित वानरसेना का वध करके अपने शौर्य का परिचय दे। वज्रदंष्ट्र जितना वीर था, उससे अधिक मायावी था। वह अपनी भीमकर्मा पराक्रमी सेना लेकर दक्षिण द्वार से चला। युद्धभूमि में पहुँचते ही उसने अपने सम्मुख अंगद को पाया जो अपनी सेना के साथ उससे युद्ध करने के लिये तत्पर खड़ा था। वज्रदंष्ट्र को देखते ही वानर सेना किचकिचा कर राक्षसों पर टूट पड़ी। दोनों ओर से भयंकर मारकाट मच गई। सम्पूर्ण युद्धभूमि रुण्ड-मुण्डों, हताहत सैनिकों तथा रक्त के नालों एवं सरिताओं से भर गई। रक्त सरिताओं में नाना प्रकार के शस्त्र-शस्त्र, कटे हुये हाथ तथा मस्तक छोटे-छोटे द्वीपों की भाँति दिखाई देने लगे। अंगद तथा वानर सेनापतियों द्वारा बार-बार की जाने वाली सिंहगर्जना ने राक्षस सैनिकों का मनोबल तोड़ दिया। जब उन्हें अपने चारों ओर राक्षसों के कटे हुये अंग दिखाई देने लगे तो वह अपने प्राणों के मोह से रणभूमि से पलायन करने लगे।

अपनी सेना को मरते-कटते और कायरों की तरह भागते देख वज्रदंष्ट्र दोगुने पराक्रम और क्रोध से युद्ध करने लगा। उसने तीक्ष्णतर बाणों का प्रयोग करके वानरों को घायल करना आरम्भ कर दिया। क्रुद्ध वज्रदंष्ट्र के भयानक आक्रमण से पीड़ित होकर वानर सेना भी इधर-उधर छिपने लगी। उनकी यह दशा देखकर अंगद ने उस राक्षस सेनापति को ललकारा, "वज्रदंष्ट्र! तूने बहुत मारकाट कर ली। तेरा अंत समय आ गया है। अब मैं तुझे धूम्राक्ष के पास भेजता हूँ।" यह कहकर अंगद उससे जाकर भिड़ गये। दोनों महान योद्धा मस्त हाथियों की भाँति एक दूसरे पर प्रहार करने लगे। दोनों ही रक्त से लथपथ हो गये। फिर अवसर पाकर अंगद ने तलवार से वज्रदंष्ट्र का सिर काट डाला। अपने सेनापति के मरते ही राक्षस सेना मैदान से भाग खड़ी हुई।

26

लक्ष्मण मूर्छित

इस भयंकर युद्ध में लक्ष्मण ने रावण की ध्वजा काटकर उसके सारथि का वध कर डाला और रावण के धनुष को काट डाला। साथ ही विभीषण ने भी अपनी गदा से रावण के रथ के घोड़ों को मार डाला। विभीषण के इस कृत्य से रावण को इतना क्रोध आया कि उसने विभीषण पर एक प्रज्वलित शक्ति चलाई किन्तु विभीषण के पास आने के पहले ही लक्ष्मण ने उस शक्ति को अपने बाणों से नष्ट कर दिया। इस पर अत्यन्त क्रोधित होकर रावण ने विभीषण पर ऐसी अमोघ शक्ति चलाई जिसका वेग काल भी न सह सकता था। विभीषण के प्राण संकट में देख लक्ष्मण स्वयं आगे बढ़कर शक्ति के सामने खड़े हो गये। वज्र और अशनि के समान गड़गड़ाहट उत्पन्न करने वाली तथा विषधर सर्प के समान वह भयंकर महातेजस्वी शक्ति लक्ष्मण आकर लगी। उस नागराज वासुकी की जिह्वा के समान देदीप्यमान शक्ति ने लक्ष्मण के वक्ष को विदीर्ण कर दिया और वे रक्त से लथपथ होकर मूर्छित हो पृथ्वी पर गिर पड़े।

वानरों ने उस शक्ति को लक्ष्मण के शरीर में से निकालने का भरसक प्रयत्न किया, किन्तु सफल न हो सके। अन्त में श्री राम ने पूरी शक्ति लगा कर दोनों हाथों से खींचकर उसे बाहर निकाला और तोड़कर भूमि पर फेंक दिया। जब तक राम शक्ति को खींचकर निकालते रहे रावण निरन्तर बाणों की वर्षा करके उन्हें घायल करता रहा। शक्ति निकाल कर उन्होंने शीघ्र ही रावण को मार डालने की प्रतिज्ञा की। फिर वे रावण के साथ भयानक युद्ध करने लगे। जब रावण उनके बाणों को न सह सका तो वह घायल होकर रणभूमि से भाग गया।

श्रीराम लक्ष्मण के पास बैठकर नाना प्रकार से विलाप करने लगे। उनके विलाप से दुःखी सारी वानर सेना रोने लगी। तभी सुषेण ने कहा, "हे वीरशिरोमणि! आप दुःखी न हों। ये जीवित हैं, इनकी हृदयगति चल रही है।"

फिर हनुमान से कहा, "तुम शीघ्र ही महोदय पर्वत पर जाकर विशल्यकरणी, सावण्र्यकरणी, संजीवकरणी तथा संघानी नामक औषधियाँ ले आओ। उनसे लक्ष्मण के प्राणों की रक्षा हो सकेगी।" सुषेण के निर्देशानुसार हनुमान तत्काल महोदय गिरि पर जा पहुँचे, परन्तु इन औषधियों की पहचान न होने के कारण उस शिखर को ही उखाड़ लाये जिस पर अनेक प्रकार की औषधियों के वृक्ष उग रहे थे। सुषेण ने इनमें से औषधियों को पहचानकर उनको कूट-पीस कर लक्ष्मण को सुँघाया। इससे वे थोड़ी ही देर में स्वस्थ होकर उठ खड़े हुये।

27

रावण वध

उधर रावण रथाढूर हो फिर युद्ध करने के लिये लौट आया। राम पृथ्वी पर खड़े होकर रथ में सवार रावण से युद्ध करने लगे तो देवराज इन्द्र ने उनके पास अपना रथ भिजवाकर प्रार्थना की कि वे उस पर सवार होकर युद्ध करें। दोनों ही पराक्रमी वीर रथों पर सवार होकर भीषण युद्ध करने लगे। उनके अद्भुत रण-कौशल को देखकर दिग्गज वीरों भी रोमांचित होने लगे। इधर रावण ने नागास्त्र छोड़ा तो उधर श्रीराम ने गरुड़ास्त्र। रावण ने इन्द्र के रथ की ध्वजा काट डाली और घोड़ों को घायल कर दिया। रावण के बाणों से बार-बार आहत होने के कारण श्रीराम अपने बाणों को प्रत्यंचा पर नहीं चढ़ा पा रहे थे। जब रावण ने उन पर शूल नामक महाभयंकर शक्ति छोड़ी तो राम ने क्रोधपूर्वक इन्द्र द्वारा दी हुई शक्ति छोड़कर उस शूल को नष्ट कर दिया। फिर उन्होंने लगातार बाण वर्षा करके रावण को बुरी तरह घायल कर दिया। रावण की यह दशा देखकर उसका सारथी उसे रणभूमि से बाहर ले गया। अपने सारथी के इस कार्य से रावण को बहुत क्रोध आया और उस फटकार कर उसने रथ को पुनः रणभूमि में ले चलने आज्ञा दी।

श्रीराम के सम्मुख पहुँचकर वह फिर उन पर बाणों की वर्षा करने लगा। दोनों महावीर महारथियों के बीच फिर ऐसा भयंकर युद्ध आरम्भ हुआ कि वानरों और राक्षसों की विशाल सेनाएँ और पराक्रमी वीर अपने हाथों में हथियार होते हुये भी निश्चेष्ट होकर उनका रणकौशल देखने लगे। राक्षसों की दृष्टि रावण के पराक्रम पर अटकी हुई थी तो वानरों की श्रीराम के शौर्य पर। श्रीराम को अपनी विजय पर पूर्ण विश्वास था और परिस्थितियों को देखते हुये रावण समझ गया था कि उसकी मृत्यु निश्चित है। यह सोचकर दोनों रणकेसरी अपनी पूरी शक्ति से युद्ध करने लगे। पहले रामचन्द्र जी ने रावण के रथ की ध्वजा को एक ही बाण से काट गिराया। इससे क्रोधित होकर रावण चारों ओर गदा, चक्र, परिध, मूसल, शूल तथा माया निर्मित शस्त्रों की वर्षा करने लगा। दोनों ओर से भयानक घात-प्रतिघात होने

लगे। युद्ध विषयक प्रवृति और निवृति में दोनों ही रणपण्डित अपना-अपना अद्भुत कौशल दिखाने लगे। सनसनाते बाणों के घटाटोप से सूर्य की प्रभा लुप्त हो गई और वायु की गति भी मन्द पड़ गई। देव, गन्धर्व, किन्नर, यक्ष, सिद्ध, महर्षि सभी चिन्ता में पड़ गये। तभी अवसर पाकर महाबाहु राम ने एक विषधर समान बाण छोड़कर रावण का मस्तक काट डाला, परन्तु उसके स्थान पर रावण का वैसा ही दूसरा नया सिर उत्पन्न हो गया। जब श्रीराम ने उसे भी काट डाला तो वहाँ तीसरा शीश प्रकट हो गया। इस प्रकार बार-बार शीश कटने पर भी उसका अन्त नहीं हो रहा था।

यह दशा देखकर इन्द्र के सारथी मातलि ने कहा, "प्रभो! आप इसे मारने के ब्रह्मास्त्र का प्रयोग कीजिये। अब उसके विनाश का समय आ पहुँचा है। मातलि की बात सुनकर रघुनाथ जी को ब्रह्मा के उस बाण का स्मरण हो आया जो उन्हें अगस्त्य मुनि ने दिया था। उन्होंने रावण की छाती को लक्ष्य करके वह बाण पूरे वेग के साथ छोड़ दिया जिसने रावण के हृदय को विदीर्ण कर दिया। इससे रावण के प्राण पखेरू उड़ गये। रावण को मारकर वह बाण पृथ्वी में समा गया और पुनः स्वच्छ होकर श्रीराम के तरकस में लौट आया। रावण के विनाश और श्रीराम की विजय से समस्त लोकों में हर्ष की लहर दौड़ गई। चारों ओर श्रीराम की जयजयकार होने लगी। वानर सेना में आनन्द का पारावार न रहा। प्रत्येक सैनिक विजय गर्व से फूला न समाता था।

पराजित और मरे हुये भाई को देखकर विभीषण अपने आँसुओं को न रोक सका और वह फूट-फूट कर विलाप करने लगा और कहने लगा, "हे भाई! अहंकार के वशीभूत होकर तुमने मेरी, प्रहस्त, कुम्भकर्ण, इन्द्रजित, नरान्तक आदि किसी की भी बात न मानी। उसी का फल यह सामने आया। तुम्हारे मरने से नीति पर चलने वाले लोगों की मर्यादा टूट गई, धर्म का मूर्तिवान विग्रह चला गया, सूर्य पृथ्वी पर गिर पड़ा, चन्द्रमा अन्धेरे में डूब गया और जलती अग्नि शिखा बुझ गई।"

विभीषण को इस प्रकार विलाप करते देख श्रीराम ने उसे समझाया, "हे विभीषण! तुम्हें इस प्रकार शोक नहीं करना चाहिये। रावण असमर्थ होकर नहीं मरा है। उसने प्रचण्ड पराक्रम का प्रदर्शन किया है। इस प्रकार क्षत्रिय धर्म का पालन करते हुये मरने वालों के लिये शोक नहीं करना चाहिये। युद्ध में सदा विजय ही विजय मिले, ऐसा पहले भी कभी नहीं हुआ है। यह सोचकर उठो और संयत मन से प्रेत कर्म करो। मैं इसमें तुम्हें पूरा सहयोग दूँगा। बैर जीवनकाल तक ही रहता है। मरने के बाद उस बैर का अन्त हो जाता है। इसलिये यह जैसा तुम्हारा स्नेहपात्र है, उसी तरह मेरा भी है।"

28

अयोध्या को प्रस्थान

- **अयोध्या को प्रस्थान**

एक रात्रि विश्राम करने के पश्चात् श्री रामचन्द्र जी ने विभीषण को बुलाकर कहा, "हे लंकेश! मेरा वनवास का समय पूरा होने को है। अब मेरा मन भरत से मिलने के लिये उद्विग्न हो रहा है। वे मुझे स्मरण करके दुःखी हो रहे होंगे। इस लिये तुम ऐसा प्रबन्ध करो कि हम शीघ्रातिशीघ्र अयोध्या पहुँच जायें।"

यह सुनकर विभीषण ने कहा, "हे प्रभो! आप चिन्ता न करें। मैं एक ही दिन में आपको अयोध्यापुरी पहुँचा दूँगा। वैसे मेरी इच्छा यह थी कि आप कुछ दिन यहाँ रुक कर मेरा आतिथ्य स्वीकार करते।"

जब श्रीरामचन्द्रजी ने वहाँ ठहरने में अपनी असमर्थता दिखाई तो विभीषण ने तत्काल पुष्पक विमान मँगाया, जो स्वर्ण से बना हुआ और नाना प्रकार के रत्नों से सुसज्जित था। रामचन्द्रजी सब वानरों का उनके द्वारा की गई सहायता के लिये आभार प्रकट करके सीता और लक्ष्मण के साथ विमान पर सवार हुये। सुग्रीव सहित सब वानरों और विभीषण ने भी उनके साथ अयोध्या चलने का आग्रह किया तो उन्होंने कृपा करके सबको उसी विमान पर अपने साथ ले लिया। विमान आकाश में उड़ने लगा। रामचन्द्र सीता को लंका, सागर, सुवर्णमय पर्वत हिरण्यनाभ, सेतुबंध, किष्किन्धा नगरी को दिखाकर उनका महत्व बताने लगे। बीच-बीच में सीता-हरण के पश्चात् की घटनाओं का भी विशद वर्णन करते जाते थे। जब विमान किष्किन्धा नगरी पहुँचा तो वैदेही ने सुग्रीव की भार्या तारा आदि को भी अपने साथ अयोध्या ले चलने का आग्रह किया।

रघुनाथजी ने विमान को वहाँ रुकवाकर सुग्रीव तथा अन्य यूथपतियों से कहा कि वे शीघ्र अपने-अपने परिजनों को, जो अयोध्या चलने के लिये उत्सुक हों, जाकर ले आयें। श्रीराम की आज्ञा पाते ही वे सब अपने परिजनों को बुला लाये। फिर विमान अपने गन्तव्य की ओर चल पड़ा। विमान चलते ही रामचन्द्र ने सीता को ऋष्यमूक पर्वत दिखाया जहाँ उन्होंने सुग्रीव

से भेंट की थी। फिर उन्होंने शबरी की कथा सुनाते हुये पम्पा दिखाया। जटायु के मरने का स्थान, महात्मा सुतीक्ष्ण तथा शरभ के आश्रम, श्रृंगवेरपुर आदि दिखाते हुये भरद्वाज मुनि के आश्रम पर पहुँचे। वहाँ उन्होंने विमान उतारा।

भरद्वाज मुनि के आश्रम में पहुँचकर उन्होंने मुनि को सादर प्रणाम किया और कुशलक्षेम के पश्चात् अयोध्यापुरी, भरत तथा माताओं के विषय में सूचनाएँ प्राप्त कीं। फिर उन्होंने हनुमान से कहा, "वानरराज! मैं चाहता हूँ कि मेरे अयोध्या पहुँचने से पहले तुम अयोध्या जाकर पता लगाओ कि राजभवन में सब कुशल से तो हैं। तुम श्रृंगवेरपुर पहुँचकर वनवासी निषादराज से भी भेंट करो। उनसे तुम्हें अयोध्या का मार्ग भी ज्ञात हो जायेगा। भरत से मिलकर उन्हें हमारा कुशल समाचार देना और यहाँ हुई समस्त घटनाओं से उन्हें अवगत कराना। उन्हें यह भी बता देना कि हम लोग सफलमनोरथ होकर राक्षसराज विभीषण, वानरराज सुग्रीव तथा अन्य मित्रों के साथ प्रयागराज तक आ पहुँचे हैं। साथ ही भरत की मुखमुद्रा का भी सूक्ष्म अध्ययन करना। यदि उन्हें हमारा आगमन अरुचिकर प्रतीत हो तो मुझे सूचित करना। ऐसी दशा में हम अयोध्या से दूर रहकर तपस्वी जीवन व्यतीत करेंगे। तुम शीघ्र जाकर उन्हें सब बातों की सूचना दो।"

प्रभु की आज्ञा पाकर हनुमान मनुष्य का रूप धारणकर तीव्रगति से अयोध्या की ओर चल पड़े। पहले वे गंगा और यमुना के संगम को पारकर श्रृंगवेरपुर पहुँचे और वहीं निषादराज गुह से मिले। उन्हें श्रीराम का कुशल समाचार देकर वे परशुराम तीर्थ, वालुकिनी नदी, वरूथी, गोमती आदि नदियों को पार करते हुये नन्दिग्राम जा पहुँचे। अयोध्या से एक कोस की दूरी पर उन्होंने चीर वस्त्र और काला मृगचर्म धारण किये हुये दुर्बल भरत को देखा। वे तपस्यारत ब्रह्मर्षि के सदृश दिखाई दे रहे थे। भरत जी के पास पहुँचकर पवनपुत्र हनुमान ने दोनों हाथ जोड़कर उनसे निवेदन किया, "देव! श्रीरघुनाथजी ने आपको अपना कुशल समाचार कहलाया है और आपका कुशल समाचार पूछा है। आप इस अत्यन्त दारुण शोक का परित्याग करें। आप शीघ्र ही श्रीराम से मिलेंगे।"

यह शुभ समाचार सुनकर भरत का हृदय हर्ष से भर उठा। उन्होंने बड़े उत्साह से पवनपुत्र को प्रेमपूर्वक अपने हृदय से लगा लिया और बोले, "भैया! तुमने जो मुझे यह प्रिय संवाद सुनाया है इसके बदले में मैं तुम्हें क्या दूँ। मुझे कोई ऐसी वस्तु दिखाई नहीं देती जो तुम्हारी इस शुभ सूचना का उचित उपहार हो सके। फिर भी मैं तुम्हें इसके लिये सौ उत्तम गाँव, एक लाख गौएँ और उत्तम आचार वाली स्वर्ण, रत्न तथा आभूषणों से सुसज्जित सोलह कुलीन कुमारी कन्याएँ पत्नीरूप में समर्पित करता हूँ।"

फिर बोले, "सौम्य! मुझे यह बताओ कि श्रीरघुनाथजी का और वानरों का मेल-मिलाप कैसे हुआ?" भरत के इस प्रश्न के उत्तर में हनुमान ने श्रीराम के वनवास से लेकर दण्डकारण्य में प्रवेश करके विराध को मारने, शरभंग मुनि के स्वर्ग सिधारने, खर-दूषण तथा त्रिशरा को मारने, सीताहरण, गिद्धराज जटायु की मृत्यु, सीता की खोज करते हुये सुग्रीव से भेंट होने का विवरण सुनाकर उन्होंने सीता की खोज करने, सागर पर पुल बाँधने तथा सपरिवार

रावण को मारकर वैदेही को मुक्त कराने तक का वृत्तान्त सुना डाला। यह भी बता दिया कि अब रामचन्द्रजी पुष्पक विमान से अयोध्या आ रहे हैं।